猫城记
新韩穆烈德

老舍小说精汇

舒乙/主编

文汇出版社

图书在版编目（CIP）数据

猫城记·新韩穆烈德 / 老舍著．－上海：
文汇出版社，2008.7
　ISBN 978-7-80741-374-5

　Ⅰ．猫... Ⅱ．老... Ⅲ．长篇小说－中国－现代
Ⅳ．I246.5

中国版本图书馆 CIP 数据核字（2008）第 087521 号

猫城记·新韩穆烈德

作　　者 / 老　舍
责任编辑 / 甘　棠
装帧设计 / 灵动视线

出版发行 / 文汇出版社
　　　　　上海市威海路 755 号
　　　　　（邮政编码 200041）

经　　销 / 全国新华书店
印　　刷 / 山东新华印刷厂临沂厂

版　　次 / 2008 年 9 月第 1 版
印　　次 / 2008 年 9 月第 1 次印刷
开　　本 / 870×1092　1/32
字　　数 / 125 千
印　　张 / 7.125
书　　号 / ISBN 978-7-80741-374-5
定　　价 / 20.00 元

老舍小传

老舍（1899.2.3—1966.8.24），我国现代文豪，小说家，戏剧作家。原名舒庆春，字舍予，满族，北京人。出身寒苦，自幼丧父，北京师范学校毕业，早年任小学校长、劝学员。1924年赴英在伦敦大学东方学院教中文，开始写作，连续在《小说月报》上发表长篇小说《老张的哲学》、《赵子曰》、《二马》，成为我国现代长篇小说奠基人之一。归国后先后在齐鲁大学、山东大学任教，同时从事写作，其间代表作有长篇小说《猫城记》、《离婚》、《骆驼祥子》，中篇小说《月牙儿》、《我这一辈子》，短篇小说《微神》、《断魂枪》等。抗日战争爆发后到武汉和重庆组织中华全国文艺界抗敌协会，对内总理会务，对外代表"文协"，创作长篇小说《四世同堂》，并对现代曲艺进行改良。1946年赴美讲学，四年后回国，主要从事话剧剧本创作，代表作有《龙须沟》、《茶馆》，荣获"人民艺术家"称号，被誉为语言大师。曾任全国文学艺术界联合会副主席、全国作家协会副主席及北京文联主席。1966年"文革"初受严重迫害后自沉于太平湖中。有《老舍全集》十九卷。

目 录

自　序 ………………………………… 1
新　序 ………………………………… 2
猫城记 ………………………………… 1

新韩穆烈德 …………………………… 183
讨　论 ………………………………… 203
民主世界（未完） …………………… 209

自 序

　　我向来不给自己的作品写序。怕麻烦；很立得住的一个理由。还有呢，要说的话已都在书中说了，何必再絮絮叨叨？再说，夸奖自己吧，不好；咒骂自己吧，更合不着。莫若不言不语，随它去。

　　此次现代书局嘱令给《猫城记》作序，天大的难题！引证莎士比亚需要翻书；记性向来不强。自道身世说起来管保又臭又长，因为一肚子倒有半肚子牢骚，哭哭啼啼也不像个样子——本来长得就不十分体面。怎办？

　　好吧，这么说：《猫城记》是个恶梦。为什么写它？最大的原因——吃多了。可是写得很不错，因为二姐和外甥都向我伸大拇指，虽然我自己还有一点点不满意。不很幽默。但是吃多了大笑，震破肚皮还怎再吃？不满意，可也无法。人不为面包而生。是的，火腿面包其庶几乎？

　　二姐嫌它太悲观，我告诉她，猫人是猫人，与我们不相干，管它悲观不悲观。二姐点头不已。

　　外甥问我是哪一派的写家？属于哪一阶级？代表哪种人讲话？是否脊椎动物？得了多少稿费？我给他买了十斤苹果，堵上他的嘴。他不再问，我乐得去睡大觉。梦中倘有所见，也许还能写本"狗城记"。是为序。

　　　　　　　　　　　　　年月日，刚睡醒，不大记得。

新　序

在我的十来本长篇小说中，《猫城记》是最"软"的一本。原因是：(1) 讽刺的寓言需要最高的机智，与最泼辣的文笔；而我恰好无此才气。(2) 寓言中要以物明意，声东击西，所以人物往往不能充分发展——顾及人（或猫）的发展，便很容易丢失了故意中的暗示；顾及暗示，则人物的发展受到限制，而成为傀儡。《猫城记》正中此病。我相信自己有一点点创造人物的才力，可是在《猫城记》中没有充分的施展出来。

此书最初是在施蛰存先生主编的《现代》刊露，为长篇连载。后来，书局歇业，它变成了弃儿。听说上海还有未得作者允许而擅自印行的，我在国外，不知其详，也没得到过版税，现在已通知他们停止发售和印刷了。

现在晨光为出版"全集"，重排此书，我不晓得怎办才好：让它继续作弃儿吧，它到底是费了些心血写出来的，于心不忍；让它再出版吧，它又是那么"软"，于心未安！因此，与其说这是篇序言，倒不如说一个未入流的作家的悔过书了。

　　　　　　　　　　　　老　舍　一九四七，纽约。

载《猫城记》，1947年上海晨光出版公司改订本初版

猫　城　记

一

飞机是碎了。

我的朋友——自幼和我同学：这次为我开了半个多月的飞机——连一块整骨也没留下！

我自己呢，也许还活着呢？我怎能没死？神仙大概知道。我顾不及伤心了。

我们的目的地是火星。按着我的亡友的计算，在飞机出险以前，我们确是已进了火星的气圈。那么，我是已落在火星上了？假如真是这样，我的朋友的灵魂可以自安了：第一个在火星上的中国人，死得值！但是，这"到底"是哪里？我只好"相信"它是火星吧；不是也得是，因为我无从证明它的是与不是。自然从天文上可以断定这是哪个星球；可怜，我对于天文的知识正如对古代埃及文字，一点也不懂！我的朋友可以毫不迟疑的指示我，但是他，他……噢！我的好友，与我自幼同学的好友！

飞机是碎了。我将怎样回到地球上去？不敢想！只有身上的衣裳——碎得像些挂着的干菠菜——和肚子里的干粮；

不要说回去的计划，就是怎样在这里活着，也不敢想啊！言语不通，地方不认识，火星上到底有与人类相似的动物没有？问题多得像……就不想吧；"火星上的漂流者"，还不足以自慰么？使忧虑减去勇敢是多么不上算的事！

这自然是追想当时的情形。在当时，脑子已震昏。震昏的脑子也许会发生许多不相连贯的思念，已经都想不起了；只有这些——怎样回去，和怎样活着——似乎在脑子完全清醒之后还记得很真切，像被海潮打上岸来的两块木板，船已全沉了。

我清醒过来。第一件事是设法把我的朋友，那一堆骨肉，埋葬起来。那只飞机，我连看它也不敢看。它也是我的好友，它将我们俩运到这里来，忠诚的机器！朋友都死了，只有我还活着，我觉得他们俩的不幸好像都是我的过错！两个有本事的倒都死了，只留下我这个没能力的，傻子偏有福气，多么难堪的自慰！我觉得我能只手埋葬我的同学，但是我一定不能把飞机也掩埋了，所以我不敢看它。

我应当先去挖坑，但是我没有去挖，只呆呆的看着四处，从泪中看着四处。我为什么不抱着那团骨肉痛哭一场？我为什么不立刻去掘地？在一种如梦方醒的状态中，有许多举动是我自己不能负责的，现在想来，这或者是最近情理的解释与自恕。

我呆呆的看着四处。奇怪，那时我所看见的我记得清楚极了，无论什么时候我一闭眼，便能又看见那些景物，带着颜色立在我的面前，就是颜色相交处的影线也都很清楚。只有这个与我幼时初次随着母亲去祭扫父亲的坟墓时的景象是我终身忘不了的两张图画。

我说不上来我特别注意到什么；我给四围的一切以均等的"不关切的注意"，假如这话能有点意义。我好像雨中的小树，任凭雨点往我身上落；落上一点，叶儿便动一动。

我看见一片灰的天空。不是阴天，这是一种灰色的空气。阳光不能算不强，因为我觉得很热；但是它的热力并不与光亮作正比，热自管热，并没有夺目的光华。我似乎能摸到四围的厚重，热，密，沉闷的灰气。也不是有尘土，远处的东西看得很清楚，决不像有风沙。阳光好像在这灰中折减了，而后散匀，所以处处是灰的，处处还有亮，一种银灰的宇宙。中国北方在夏旱的时候，天上浮着层没作用的灰云，把阳光遮减了一些，可是温度还是极高，便有点与此地相似；不过此地的灰气更暗淡一些，更低重一些，那灰重的云好像紧贴着我的脸。豆腐房在夜间储满了热气，只有一盏油灯在热气中散着点鬼光，便是这个宇宙的雏形。这种空气使我觉着不自在。远处有些小山，也是灰色的，比天空更深一些；因为不是没有阳光，小山上是灰里带着些淡红，好像野鸽脖子上的彩闪。

灰色的国！我记得我这样想，虽然我那时并不知道那里有国家没有。

从远处收回眼光，我看见一片平原，灰的！没有树，没有房子，没有田地，平，平；平得讨厌。地上有草，都擦着地皮长着，叶子很大，可是没有竖立的梗子。土脉不见得不肥美，我想，为什么不种地呢？

离我不远，飞起几只鹰似的鸟，灰的，只有尾巴是白的。这几点白的尾巴给这全灰的宇宙一点变化，可是并不减少那惨淡蒸郁的气象，好像在阴苦的天空中飞着几片纸钱！

鹰鸟向我这边飞过来。看着看着,我心中忽然一动,它们看见了我的朋友,那堆……远处又飞起来几只。我急了,本能的向地下找,没有铁锹,连根木棍也没有!不能不求救于那只飞机了;有根铁棍也可以慢慢的挖一个坑。但是,鸟已经在我头上盘旋了。我不顾得再看,可是我觉得出它们是越飞越低,它们的啼声,一种长而尖苦的啼声,是就在我的头上。顾不得细找,我便扯住飞机的一块,也说不清是哪一部分,疯了似的往下扯。鸟儿下来一只。我拼命的喊了一声。它的硬翅颤了几颤,两腿已将落地,白尾巴一钩,又飞起去了。这个飞起去了,又来了两三只,都像喜鹊得住些食物那样叫着;上面那些只的啼声更长了,好像哀求下面的等它们一等;末了,"扎"的一声全下来了。我扯那飞机,手心黏了,一定是流了血,可是不觉得疼。扯,扯,扯;没用!我扑过它们去,用脚踢,喊着。它们伸开翅膀向四处躲,但是没有飞起去的意思。有一只已在那一堆……上啄了一口!我的眼前冒了红光,我扑过它去,要用手抓它;只顾抓这只,其余的那些环攻上来了;我又乱踢起来。它们扎扎的叫,伸着硬翅往四外躲;只要我的腿一往回收,它们便红着眼攻上来。而且攻上来之后,不愿再退,有意要啄我的脚了。

忽然我想起来:腰中有支手枪。我刚立定,要摸那支枪;什么时候来的?我前面,就离我有七八步远,站着一群人, 眼我便看清,猫脸的人!

高荣生 插图

二

掏出手枪来，还是等一等？许多许多不同的念头环绕着这两个主张；在这一分钟里，我越要镇静，心中越乱。结果，我把手放下去了。向自己笑了一笑。到火星上来是我自己情愿冒险，叫这群猫人把我害死——这完全是设想，焉知他们不是最慈善的呢——是我自取；为什么我应当先掏枪呢！一点善意每每使人勇敢；我一点也不怕了。是福是祸，听其自然；无论如何，衅不应由我开。

看我不动，他们往前挪了两步。慢，可是坚决，像猫看准了老鼠那样的前进。

鸟儿全飞起来，嘴里全叼着块……我闭上了眼！

眼还没睁开——其实只闭了极小的一会儿——我的双手都被人家捉住了。想不到猫人的举动这么快；而且这样的轻巧，我连一点脚步声也没听见。

没往外拿手枪是个错误。不！我的良心没这样责备我。危患是冒险生活中的饮食。心中更平静了，连眼也不愿睁了。这是由心中平静而然，并不是以退为进。他们握着我的双臂，越来越紧，并不因为我不抵抗而松缓一些。这群玩艺儿是善疑的，我心中想；精神上的优越使我更骄傲了，更不肯和他们较量力气了。每只胳臂上有四五只手，很软，但是很紧，并且似乎有弹性，与其说是握着，不如说是箍着，皮条似的往我的肉里煞。挣扎是无益的。我看出来：设若用力抽夺我的胳臂，他们的手会箍进我的肉里去；他们是这种人：不光明的把人捉住，然后不看人家的举动如何，总得给人家一种极残酷的肉体上的虐待。设若肉体上的痛苦能使精神的光明减色，惭愧，这时候我确乎有点后悔了；对这种人，假如我的推测不错，是应当采取"先下手为强"的政策；"当"的一枪，管保他们全跑。但是事已至此，后悔是不会改善环境的；光明正大是我自设的陷阱，就死在自己的光明之下吧！我睁开了眼。他们全在我的背后呢，似乎是预定好即使我睁开眼也看不见他们。这种鬼祟的行动使我不由的起了厌恶他们的心；我不怕死，我心里说："我已经落在你们的手中，杀了我，何必这样偷偷摸摸的呢！"我不由的说出来："何必这样……"我没往下说；他们决不会懂我的话。胳臂上更紧了，那半句话的效果！我心里想：就是他们懂我的话，也还不是白费唇舌！我连头也不回，凭他们摆布；我只希望他们用绳子拴上我，我的精神正如肉体，同样的受不了这种软，紧，热，讨厌的攥握！

空中的鸟更多了，翅子伸平，头往下钩钩着，预备得着机会便一翅飞到地，去享受与我自幼同学的朋友的……

背后这群东西到底玩什么把戏呢？我真受不了这种钝刀慢锯的办法了！但是，我依旧抬头看那群鸟，残酷的鸟们，能在几分钟内把我的朋友吃净。啊！能几分钟吃净一个人吗？那么，鸟们不能算残酷的了；我羡慕我那亡友，朋友！你死得痛快，消灭得痛快，比较起我这种零受的罪，你的是无上的幸福！

"快着点！"几次我要这么说，但是话到唇边又收回去了。我虽然一点不知道猫人的性情习惯，可是在这几分钟的接触，我似乎直觉的看出来，他们是宇宙间最残忍的人；残忍的人是不懂得"干脆"这个字的，慢慢用锯齿锯，是他们的一种享受。说话有什么益处呢？我预备好去受针尖刺手指甲肉，鼻子里灌煤油——假如火星上有针和煤油。

我落下泪来，不是怕，是想起来故乡。光明的中国，伟大的中国，没有残暴，没有毒刑，没有鹰吃死尸。我恐怕永不能再看那块光明的地土了，我将永远不能享受合理的人生了；就是我能在火星上保存着生命，恐怕连享受也是痛苦吧!？

我的腿上也来了几只手。他们一声不出，可是呼吸气儿热忽忽的吹着我的背和腿；我心中起了好似被一条蛇缠住那样的厌恶。

咯哨的一声，好像多少年的静寂中的一个响声，听得分外清楚，到如今我还有时候听见它。我的腿腕上了脚镣！我早已想到有此一举。腿腕登时失了知觉，紧得要命。

我犯了什么罪？他们的用意何在？想不出。也不必想。在猫脸人的社会里，理智是没用的东西，人情更提不到，何必思想呢。

手腕也锁上了。但是，出我意料之外，他们的手还在我的臂与腿上箍着。过度的谨慎——由此生出异常的残忍——是黑暗生活中的要件；我希望他们锁上我而撤去那些只热手，未免希望过奢。

脖子上也来了两只热手。这是不许我回头的表示；其实谁有那么大的工夫去看他们呢！人——不论怎样坏——总有些自尊的心；我太看低他们了。也许这还是出于过度的谨慎,不敢说,也许脖子后边还有几把明晃晃的刀呢。

这还不该走吗?我心中想。刚这么一想,好像故意显弄他们也有时候会快当一点似的,我的腿上挨了一脚,叫我走的命令。我的腿腕已经箍麻了,这一脚使我不由的向前跌去;但是他们的手像软而硬的钩子似的,钩住我的肋条骨;我听见背后像猫示威时相噗的声音,好几声,这大概是猫人的笑。很满意这样的挫磨我,当然是。我身上不知出了多少汗。

他们为快当起见,颇可以抬着我走;这又是我的理想。我确是不能迈步了;这正是他们非叫我走不可的理由——假如这样用不太羞辱了"理由"这两个字。

汗已使我睁不开眼,手是在背后锁着;就是想摇摇头摆掉几个汗珠也不行,他们箍着我的脖子呢!我直挺着走,不,不是走,但是找不到一个字足以表示跳,拐,跌,扭……等等揉合起来的行动。

走出只有几步,我听见——幸而他们还没堵上我的耳朵——那群鸟一齐"扎"的一声,颇似战场上冲锋的"杀";当然是全飞下去享受……我恨我自己;假如我早一点动手,也许能已把我的同学埋好;我为什么在那块呆呆的看着呢!朋友!就是我能不死,能再到这里来,恐怕连你一点骨头渣儿也找不着了!我终身的甜美记忆的总量也抵不住这一点悲苦惭愧,哪时想起来哪时便觉得我是个人类中最没价值的!

好像在恶梦里:虽然身体受着痛苦,可是还能思想着另外一些事;我的思想完全集中到我的亡友,闭着眼看我脑中的那些鹰,啄食着他的肉,也啄食着我的心。走到哪里了?就是我能睁开眼,我也不顾得看了;还希望记清了道路,预备逃出来吗？我是走呢？还是跳呢？还是滚呢？猫人们知道。我的心没在这个上，我的肉体已经像不属于我了。我只觉得头上的汗直流，就像受了重伤后还有一点知觉那样，渺渺茫茫的觉不出身体在哪里，只知道有些地方往出冒汗，命似乎已不在自己手中了，可是并不觉得痛苦。

  我的眼前完全黑了；黑过一阵，我睁开了眼；像醉后刚还了酒的样子。我觉出腿腕的疼痛来，疼得钻心；本能的要用手去摸一摸，手腕还锁着呢。这时候我眼中才看见东西，虽然似乎已经睁开了半天。我已经在一个小船上；什么时候上的船，怎样上去的，我全不知道。大概是上去半天了，因为我的脚腕已缓醒过来，已觉得疼痛。我试着回回头，脖子上的那两只热手已没有了；回过头去看，什么也没有。上面是那银灰的天；下面是条温腻深灰的河，一点声音也没有，可是流得很快；中间是我与一只小船，随流而下。

三

我顾不得一切的危险，危险这两个字在此时完全不会在脑中发现。热，饿，渴，痛，都不足以胜过疲乏——我已坐了半个多月的飞机——不知道怎么会挣扎得斜卧起来，我就那么睡去了；仰卧是不可能的，手上的锁镣不许我放平了脊背。把命交给了这浑腻蒸热的河水，我只管睡；还希望在这种情形里作个好梦吗！？

再一睁眼，我已靠在一个小屋的一角坐着呢；不是小屋，小洞更真实一点；没有窗户，没有门；四块似乎是墙的东西围着一块连草还没铲去的地，顶棚是一小块银灰色的天。我的手已自由了，可是腰中多了一根粗绳，这一头缠着我的腰，虽然我并不需要这么根腰带，那一头我看不见，或者是在墙外拴着；我必定是从天而降的被系下来的。怀中的手枪还在，奇怪！

什么意思呢？绑票？向地球上去索款？太费事了。捉住了怪物，预备训练好了去到动物园里展览？或是送到生物学院去解剖？这倒是近乎情理。我笑了，我确乎有点要疯。口渴得要命。为什么不拿去我的手枪呢？这点惊异与安慰并不能使口中增多一些津液。往四处看，绝处逢生。与我坐着的地方平行的墙角有个石罐。里边有什么？谁去管，我一定过去看看，本能是比理智更聪明的。脚腕还绊着，跳吧。忍着痛往起站，立不起来，试了几试，腿已经不听命令了。坐着吧。渴得胸中要裂。肉体的需要把高尚的精神丧尽，爬吧！小洞不甚宽大，伏在地上，也不过只差几寸吧，伸手就可以摸着那命中希望的希望，那个宝贝罐子。但是，那根腰带在我躺平以前便下了警告，它不允许我躺平，设若我一定要往前去，它便要把我吊起来了。无望。

口中的燃烧使我又起了飞智：脚在前，仰卧前进，学那翻不过身的小硬盖虫。绳子虽然很紧，用力挣扎究竟可以往肋部上匀一匀，肋部总比腿根瘦一些，能匀到胸部，我的脚便可以碰到罐子上，哪怕把肋部都磨破了呢，究竟比这么渴着强。肋部的皮破了，不管；前进；疼，不管；啊，脚碰着了那个宝贝！

脚腕锁得那么紧，两个脚尖直着可以碰到罐子，但是张不开，无从把它抱住；拳起一点腿来，脚尖可以张开些，可是又碰不到罐子了。无望。

只好仰卧观天。不由的摸出手枪来。口渴得紧。看了看那玲珑轻便的小枪。闭上眼，把那光滑的小圆枪口放在太阳穴上；手指一动，我便永不会口渴了。心中忽然一亮，极快的坐起来，转过身来面向墙角，对准面前的粗绳，嗒，嗒，两枪，绳子烧糊了一块。手撕，牙咬，疯了似的，把绳子终于扯断。狂喜使我忘了脚上的锁镣，猛然往起一立，跌在地上；就势便往石罐那里爬。端起来，里面有些光，有水！也许是水，也许是……顾不得迟疑。石罐很厚，不易喝；可是喝到一口，真凉，胜似仙浆玉露；努力总是有报酬的，好像我明白了一点什么生命的真理似的。

水并不多；一滴也没剩。

我抱着那个宝贝罐子。心中刚舒服一点，幻想便来了：设若能回到地球上去，我必定把它带了走。无望吧？我呆起来。不知有多久，我呆呆的看着罐子的口。

头上飞过一群鸟，简短的啼着，将我唤醒。抬头看，天上起了一层浅桃红的霞，没能把灰色完全掩住，可是天像高了一些，清楚了一些，墙顶也镶上一线有些力量的光。天快黑了，我想。

我应当干什么呢？

在地球上可以行得开的计划，似乎在此地都不适用；我根本不明白我的对方，怎能决定办法呢。鲁滨孙并没有像我这样困难，他可以自助自决，我是要从一群猫人手里逃命；谁读过猫人的历史呢。

但是我必得作些什么？

脚镣必须除去，第一步工作。始终我也没顾得看看脚上拴的是什么东西，大概因为我总以为脚镣全应是铁作的。现在我必须看看它了，不是铁的，因为它的颜色是铅白的。为什么没把我的手枪没收，有了答案：火星上没铁。猫人们过于谨慎，唯恐一摸那不认识的东西受了危害，所以没敢去动。我用手去摸，硬的，虽然不是铁；试着用力扯，扯不动。什么作的呢？趣味与逃命的急切混合在一处。用枪口敲它一敲，有金属应发的响声，可是不像铁声。银子？铅？比铁软的东西，我总可以设法把它磨断；比如我能打破那个石罐，用石棱去磨——把想将石罐带到地球上去的计划忘了。拿起石罐想往墙上碰；不敢，万一惊动了外面的人呢；外面一定有人看守着，我想。不能，刚才已经放过枪，并不见有动静。后怕起来，设若刚才随着枪声进来一群人？可是，既然没来，放胆吧；罐子出了手，只碰下一小块来，因为小所以很锋利。我开始工作。

铁打房梁磨成绣花针，工到自然成；但是打算在很短的时间用块石片磨断一条金属的脚镣，未免过于乐观。经验多数是"错误"的儿女，我只能乐观的去错误；由地球上带来的经验在此地是没有多少价值的。磨了半天，有什么用呢，它纹丝没动，好像是用石片切金刚石呢。

摸摸身上的碎布条，摸摸鞋，摸摸头发，万一发现点能帮助我的东西呢；我已经似乎变成个没理智的动物。啊！腰带下的小裤兜里还有盒火柴，一个小"铁"盒。要不是细心的搜寻真不会想起它来；我并不吸烟，没有把火柴放在身上的习惯。我为什么把它带在身边？想不起。噢，想起来了：朋友送给我的，他听到我去探险，临时赶到飞机场送行，没有可送我的东西，就把这个盒塞在我的小袋里。"小盒不会给飞机添多少重量，我希望！"他这么说来着。我想起来了。好似多少年以前的事了；半个月的飞行不是个使心中平静清楚的事。

我玩弄着那个小盒，试着追想半个月以前的事；眼前的既没有希望，只好回想过去的甜美，生命是会由多方面找到自慰的。

天黑上来了。肚中觉出饿来。划了一根火柴，似乎要看看四下有没有可吃的东西。灭了，又划了一根；无心的可笑的把那点小火放在脚镣上去烧烧看。忽！吱！像写个草书的四字——の——那么快，脚腕上已剩下一些白灰。一股很不好闻的气味，钻入鼻孔，叫我要呕。

猫人还会利用化学作东西，想不到的事！

四

命不自由，手脚脱了锁镣有什么用呢！但是我不因此而丧气；至少我没有替猫人们看守这个小洞的责任。把枪，火柴盒，都带好；我开始揪着那打断的粗绳往墙上爬。头过了墙，一片深灰，不像是黑夜，而是像没有含着烟的热雾。越过墙头，跳下去。往哪里走？在墙内时的勇气减去十分之八。没有人家，没有灯光，没有声音。远处——也许不远，我测不准距离——似乎有片树林。我敢进树林吗？知道有什么野兽？

我抬头看着星星，只看得见几个大的，在灰空中发着些微红的光。

又渴了，并且很饿。在夜间猎食，就是不反对与鸟兽为伍，我也没那份本事。幸而不冷；在这里大概日夜赤体是不会受寒的。我倚了那小屋的墙根坐下，看看天上那几个星，看看远处的树林。什么也不敢想；就是最可笑的思想也会使人落泪：孤寂是比痛苦更难堪的。

这样坐了许久，我的眼慢慢的失了力量；可是我并不敢放胆的睡去，闭了一会儿，心中一动，努力的睁开，然后又闭上。有一次似乎看见了一个黑影；但在看清之前就又不见了。因疑见鬼，我责备自己，又闭上了眼；刚闭上又睁开了，到底是不放心。哼！又似乎有个黑影，刚看到，又不见了。我的头发根立起来了。到火星上捉鬼不在我的计划之中。不敢再闭眼了。

好大半天，什么也没有。我试着闭上眼，留下一点小缝看着；来了，那个黑影！

不怕了，这一定不是鬼；是个猫人。猫人的视官必定特别的发达，能由远处看见我的眼睛的开闭。紧张，高兴，几乎停止了呼吸，等着；他来在我的身前，我便自有办法；好像我一定比猫人优越似的，不知根据什么理由；或者因为我有把手枪？可笑。

时间在这里是没有丝毫价值的，好似等了几个世纪他才离我不远了；每一步似乎需要一刻，或一点钟，一步带着整部历史遗传下来的谨慎似的。东试一步，西试一步，弯下腰，轻轻的立起来，向左扭，向后退，像片雪花似的伏在地上，往前爬一爬，又躬起腰来……小猫夜间练习捕鼠大概是这样，非常的有趣。

不要说动一动，我猛一睁眼，他也许一气跑到空间的外边去。我不动，只是眼睛留着个极小的缝儿看他到底怎样。

我看出来了，他对我没有恶意，他是怕我害他。他手中没拿着家伙，又是独自来的，不会是要杀我。我怎能使他明白我也不愿意加害于他呢？不动作是最好的办法，我以为，这至少不会吓跑了他。

他离我越来越近了。能觉到他的热气了。他斜着身像接力竞走预备接替时的姿式，甩手在我的眼前摆了两摆。我微微的点了点头。他极快的收回手去，保持着要跑的姿式，可是没跑。他看着我；我又轻轻的一点头。他还是不动。我极慢的抬起双手，伸平手掌给他看。他似乎能明白这种"手语"，也点了点头，收回那只伸出老远的腿。我依旧手掌向上，屈一屈指，作为招呼他的表示。他也点点头。我挺起点腰来，看看他，没有要跑的意思。这样极痛苦的可笑磨烦了至少有半点钟，我站起来了。

假如磨烦等于作事，猫人是最会作事的。换句话说，他与我不知磨烦了多大工夫，打手势，点头，撇嘴，纵鼻子，差不多把周身的筋肉全运动到了，表示我们俩彼此没有相害的意思。当然还能耐磨一点钟，哼，也许一个星期，假如不是远处又来了黑影——猫人先看见的。及至我也看到那些黑影，猫人已跑出四五步，一边跑一边向我点手。我也跟着他跑。

猫人跑得不慢，而且一点声音没有。我是又渴又饿，跑了不远，我的眼前已起了金星。但是我似乎直觉的看出来：被后面那些猫人赶上，我与我这个猫人必定得不到什么好处；我应当始终别离开这个新朋友，他是我在火星上冒险的好帮手。后面的人一定追上来了，因为我的朋友脚上加了劲。又支持了一会儿，我实在不行了，心好像要由嘴里跳出来。后面有了声音，一种长而尖酸的嚎声！猫人们必是急了，不然怎能轻易出声儿呢。我知道我非倒在地上不行了，再跑一步，我的命一定会随着一口血结束了。

用生命最后的一点力量，把手枪掏出来。倒下了，也不知道向哪里开了一枪，我似乎连枪声都没听见就昏过去了。

再一睁眼：屋子里，灰色的，一圈红光，地，飞机，一片血，绳子……我又闭上了眼。

隔了多日我才知道：我是被那个猫人给拉死狗似的拉到他的家中。他若是不告诉我，我始终不会想到怎么来到此地。

高荣生　插图

火星上的土是那么的细美，我的身上一点也没有磨破。那些追我的猫人被那一枪吓得大概跑了三天也没有住脚。这把小手枪——只实着十二个子弹——使我成了名满火星的英雄。

五

我一直的睡下去，若不是被苍蝇咬醒，我也许就那么睡去，睡到永远。原谅我用"苍蝇"这个名词，我并不知道它们的名字；它们的样子实在像小绿蝴蝶，很美，可是行为比苍蝇还讨厌好几倍；多的很，每一抬手就飞起一群绿叶。

身上很僵，因为我是在"地"上睡了一夜，猫人的言语中大概没有"床"这个字。一手打绿蝇，一手摩擦身上，眼睛巡视着四围。屋里没有可看的。床自然就是土地，这把卧室中最重要的东西已经省去。希望找到个盆，好洗洗身上，热汗已经泡了我半天一夜。没有。东西既看不到，只好看墙和屋顶，全是泥作的，没有任何装饰。四面墙围着一团臭气，这便是屋子。墙上有个三尺来高的洞，是门；窗户，假如一定要的话，也是它。

我的手枪既没被猫人拿去，也没丢失在路上，全是奇迹。把枪带好，我从小洞爬出来了。明白过来，原来有窗也没用，屋子是在一个树林里——大概就是昨天晚上看见的那片——树叶极密，阳光就是极强也不能透过，况且阳光还被灰气遮住。怪不得猫人的视力好。林里也不凉快，潮湿蒸热，阳光虽见不到，可是热气好像裹在灰气里；没风。

我四下里去看，希望找到个水泉，或是河沟，去洗一洗身上。找不到；只遇见了树叶，潮气，臭味。

猫人在一株树上坐着呢。当然他早看见了我。可是及至我看见了他，他还往树叶里藏躲。这使我有些发怒。哪有这么招待客人的道理呢：不管吃，不管喝，只给我一间臭屋子。我承认我是他的客人，我自己并没意思上这里来，他请我来的。最好是不用客气，我想。走过去，他上了树尖。我不客气的爬到树上，抱住一个大枝用力的摇。他出了声，我不懂他的话，但是停止了摇动。我跳下来，等着他。他似乎晓得无法逃脱，抿着耳朵，像个战败的猫，慢慢的下来。

我指了指嘴，仰了仰脖，嘴唇开闭了几次，要吃要喝。他明白了，向树上指了指。我以为这是叫我吃果子；猫人们也许不吃粮食，我很聪明的猜测。树上没果子。他又爬上树去，极小心的揪下四五片树叶，放在嘴中一个，然后都放在地上，指指我，指指叶。

这种喂羊的办法，我不能忍受；没过去拿那树叶。猫人的脸上极难看了，似乎也发了怒。他为什么发怒，我自然想不出；我为什么发怒，他或者也想不出。我看出来了，设若这么争执下去，一定没有什么好结果，而且也没有意味，根本谁也不明白谁。

但是，我不能自己去拾起树叶来吃。我用手势表示叫他拾起送过来。他似乎不懂。我也由发怒而怀疑了。莫非男女授受不亲，在火星上也通行？这个猫人闹了半天是个女的？不敢说，哼，焉知不是男男授受不亲呢!？（这一猜算猜对了，在这里住了几天之后证实了这个。）好吧，因彼此不明白而闹气是无谓的，我拾起树叶，用手擦了擦。其实手是脏极了，被飞机的铁条刮破的地方还留着些血迹；但是习惯成自然，不由的这么办了。送到嘴中一片，很香，汁水很多；

因为没有经验，汁儿从嘴角流下点来；那个猫人的手脚都动了动，似乎要过来替我接住那点汁儿；这叶子一定是很宝贵的，我想；可是这么一大片树林，为什么这样的珍惜一两个叶子呢？不用管吧，稀罕事儿多着呢。连气吃了两片树叶，我觉得头有些发晕，可是并非不好受。我觉得到那点宝贝汁儿不但走到胃中去，而且有股麻劲儿通过全身，身上立刻不僵得慌了。肚中麻酥酥的满起来。心中有点发迷，似乎要睡，可是不能睡，迷糊之中又有点发痒，一种微醉样子的刺激。我手中还拿着一片叶，手似乎刚睡醒时那样松懒而舒服。没力气再抬。心中要笑；说不清脸上笑出来没有。我倚住一棵大树，闭了一会儿眼。极短的一会儿，头轻轻的晃了两晃。醉劲过去了，全身没有一个毛孔不觉得轻松的要笑，假如毛孔会笑。饥渴全不觉得了；身上无须洗了，泥，汗，血，都舒舒服服的贴在肉上，一辈子不洗也是舒服的。

树林绿得多了。四围的灰空气也正不冷不热，不多不少的合适。灰气绿树正有一种诗意的温美。潮气中，细闻，不是臭的了，是一种浓厚的香甜，像熟透了的甜瓜。"痛快"不足以形容出我的心境。"麻醉"，对，"麻醉"！那两片树叶给我心中一些灰的力量，然后如鱼得水的把全身浸渍在灰气之中。

我蹲在树旁。向来不喜蹲着；现在只有蹲着才觉得舒坦。

开始细看那个猫人；厌恶他的心似乎减去很多，有点觉得他可爱了。

所谓猫人者，并不是立着走，穿着衣服的大猫。他没有衣服。我笑了，把我上身的碎布条也拉下去，反正不冷，何

高荣生 插图

苦挂着些零七八碎的呢。下身的还留着，这倒不是害羞，因为我得留着腰带，好挂着我的手枪。其实赤身佩带挂手枪也未尝不可，可是我还舍不得那盒火柴；必须留着裤子，以便有小袋装着那个小盒，万一将来再被他们上了脚镣呢。把靴子也脱下来扔在一边。

往回说，猫人不穿衣服。腰很长，很细，手脚都很短。手指脚指也都很短。（怪不得跑得快而作事那么慢呢，我想起他们给我上锁镣时的情景。）脖子不短，头能弯到背上去。脸很大，两个极圆极圆的眼睛，长得很低，留出很宽的一个脑门。脑门上全长着细毛，一直的和头发——也是很细冗——联上。鼻子和嘴联到一块，可不是像猫的那样俊秀，似乎像猪的，耳朵在脑瓢上，很小。身上都是细毛，很光润，近看是灰色的，远看有点绿，像灰羽毛纱的闪光。身腔是圆的，大概很便于横滚。胸前有四对小乳，八个小黑点。

他的内部构造怎样，我无从知道。

他的举动最奇怪的，据我看是他的慢中有快，快中有慢，使我猜不透他的立意何在；我只觉得他是非常的善疑。他的手脚永不安静着，脚与手一样的灵便；用手脚似乎较用其他感官的时候多，东摸摸，西摸摸，老动着；还不是摸，是触，好像蚂蚁的触角。

究竟他把我拉到此地，喂我树叶，是什么意思呢？我不由的，也许是那两片树叶的作用，要问了。可是怎样问呢？言语不通。

六

三四个月的工夫,我学会了猫话。马来话是可以在半年内学会的,猫语还要简单的多。四五百字来回颠倒便可以讲说一切。自然许多事与道理是不能就这么讲明白的,猫人有办法:不讲。形容词与副词不多,名词也不富裕。凡是像迷树的全是迷树:大迷树,小迷树,圆迷树,尖迷树,洋迷树,大洋迷树……其实这是些决不相同的树。迷树的叶便是那能使人麻醉的宝贝。代名词是不大用的,根本没有关系代名词。一种极儿气的语言。其实只记住些名词便够谈话的了,动词是多半可以用手势帮忙的。他们也有文字,一些小楼小塔似的东西,很不好认;普通的猫人至多只能记得十来个。

大蝎——这是我的猫朋友的名字——认识许多字,还会作诗。把一些好听的名词堆在一处,不用有任何简单的思想,便可以成一首猫诗。宝贝叶宝贝花宝贝山宝贝猫宝贝肚子……这是大蝎的"读史有感"。猫人有历史,两万多年的文明。

会讲话了,我明白过来一切。大蝎是猫国的重要人物,大地主兼政客、诗人与军官。大地主,因为他有一大片迷树,迷叶是猫人食物的食物。他为什么养着我,与这迷叶大有关系。据他说,他拿出几块历史来作证——书都是石头做的，二尺见方半寸来厚一块，每块上有十来个极复杂的字——五百年前，他们是种地收粮，不懂什么叫迷叶。忽然有个外国人把它带到猫国来。最初只有上等人吃得起，后来他们把迷树也搬运了来，于是大家全吃入了瘾。不到五十年的工夫，不吃它的人是例外了。吃迷叶是多么舒服，多么省事的；可是有一样，吃了之后虽然精神焕发，可是手脚不爱动，于是种地的不种了，作工的不作了，大家闲散起来。政府下了令：禁止再吃迷叶。下令的第一天午时，皇后瘾得打了皇帝三个嘴巴子——大蝎搬开一块历史——皇帝也瘾得直落泪。当天下午又下了令：定迷叶为"国食"。在猫史上没有比这件事再光荣再仁慈的，大蝎说。

自从迷叶定为国食以后的四百多年，猫国文明的进展比以前加速了好几倍。吃了迷叶不喜肉体的劳动，自然可以多作些精神事业。诗艺，举个例说，比以前进步多了；两万年来的诗人没有一个用过"宝贝肚子"的。

可是，这并不是说政治上与社会上便没有了纷争。在三百年前，迷树的种植是普遍的。可是人们越吃越懒，慢慢的连树也懒得种了。又恰巧遇上一年大水——大蝎的灰脸似乎有点发白，原来猫人最怕水——把树林冲去了很多。没有别的东西吃，猫人是可以忍着的；没有迷叶，可不能再懒了。到处起了抢劫。抢案太多了，于是政府又下了最合人道的命令：抢迷叶吃者无罪。这三百年来是抢劫的时代；并不是坏事，抢劫是最足以表现个人自由的，而自由又是猫人自有史以来的最高理想。

（按：猫语中的"自由"，并不与中国话中的相同。猫人所谓自由者是欺侮别人，不合作，捣乱……男男授受不亲即由此而来，一个自由人是不许别人接触他的，彼此见面不握手或互吻，而是把头向后扭一扭表示敬意。）

"那么，你为什么还种树呢？"我用猫语问——按着真正猫语的形式，这句话应当是：脖子一扭（表示"那么"），用手一指（你），眼球转两转（为什么），种（动词）树？"还"字没法表示。

大蝎的嘴闭上了一会儿。猫人的嘴永远张着，鼻子不大管呼吸的工作；偶尔闭上表示得意或深思。他的回答是：现在种树的人只有几十个了，都是强有力的人——政客军官诗人兼地主。他们不能不种树，不种便丢失了一切势力。作政治需要迷叶，不然便见不到皇帝。作军官需要迷树，它是军饷。作诗必定要迷叶，它能使人白天作梦。总之，迷叶是万能的，有了它便可以横行一世。"横行"是上等猫人口中最高尚的一个字。

设法保护迷林是大蝎与其他地主的首要工作。他们虽有兵，但不能替他们作事。猫兵是讲自由的，只要迷叶吃，不懂得服从命令。他们自己的兵常来抢他们，这在猫人心中——由大蝎的口气看得出——是最合逻辑的事。究竟谁来保护迷林呢？外国人。每个地主必须养着几个外国人作保护者。猫人的敬畏外国人是天性中的一个特点。他们的自由不能使五个兵在一块住三天而不出人命，和外人打仗是不可能的事。大蝎附带着说，很得意的，"自相残杀的本事，一天比一天大，杀人的方法差不多与作诗一样巧妙了"。

"杀人成了一种艺术，"我说。猫语中没有"艺术"，经我解释了半天，他还是不能明白，但是他记住这两个中国字。

在古代他们也与外国打过仗，而且打胜过，可是在最近五百年中，自相残杀的结果叫他们完全把打外国人的观念忘掉，而一致的对内。因此也就非常的怕外国人；不经外国人主持，他们的皇帝连迷叶也吃不到嘴。

＊　　　　＊　　　　＊

三年前来过一只飞机。哪里来的，猫人不晓得，可是记住了世界上有种没毛的大鸟。

我的飞机来到，猫人知道是来了外国人。他们只能想到我是火星上的人，想不到火星之外还有别的星球。

大蝎与一群地主全跑到飞机那里去，为是得到个外国人来保护迷林。他们原有的外国保护者不知为什么全回了本国，所以必须另请新的。

他们说好了：请到我之后，大家轮流奉养着，因为外国人在最近是很不易请到的。"请"我是他们的本意，谁知道我并没有长着猫脸，他们向来没见过像我这样的外国人。他们害怕的了不得；可是既而一看我是那么老实，他们决定由"请"改成"捉"了。他们是猫国的"人物"，所以心眼很多，而且遇到必要的时候也会冒一些险。现在想起来，设若我一开首便用武力，准可以把他们吓跑；可是幸而没用武力，因为就是一时把他们吓跑，他们决不会甘心罢休，况且我根本找不到食物。从另一方面说呢，这么被他们捉住，他们纵使还怕我，可是不会"敬"我了。果然，由公请我改成想独占了，大蝎与那一群地主全看出便宜来：捉住我，自然不必再与我讲什么条件，只要供给点吃食便行了，于是大家全变了心。背约毁誓是自由的一部分，大蝎觉得他的成功是非常可自傲的。

把我捆好,放在小船上,他们全绕着小道,上以天作顶的小屋那里去等我。他们怕水,不敢上船。设若半路中船翻了,自然只能归罪于我的不幸,与他们没关系。那个小屋离一片沙地不远,河流到沙地差不多就干了,船一定会停住不动。

把我安置在小屋中,他们便回家去吃迷叶。他们的身边不能带着这个宝贝;走路带着迷叶是最危险的事;因此他们也就不常走路;此次的冒险是特别的牺牲。

大蝎的树林离小屋最近;可是也还需要那么大半天才想起去看我。吃完迷叶是得睡一会儿的。他准知道别人也不会快来。他到了,别人也到了,这完全出乎他的意料之外。"幸而有那艺术",他指着我的手枪,似乎有些感激它。后来他把不易形容的东西都叫作"艺术"。

我明白了一切,该问他了:那个脚镣是什么作的?

他摇头,只告诉我,那是外国来的东西。"有好多外国来的东西,"他说:"很好用,可是我们不屑摹仿;我们是一切国中最古的国!"他把嘴闭上了一会儿:"走路总得戴着手铐脚镣,很有用!"这也许是实话,也许是俏皮我呢。

我问他天天晚上住在哪里,因为林中只有我那一间小洞,他一定另有个地方去睡觉。他似乎不愿意回答,跟我要一根艺术,就是将要拿去给皇帝看。我给了他一根火柴,也就没往下问他到底睡在哪里;在这种讲自由的社会中,人人必须保留着些秘密。

有家属没有呢?他点点头。"收了迷叶便回家,你与我一同去。"

他还有利用我的地方,我想,可是:"家在哪里?"

"京城,大皇帝住在那里。有许多外国人,你可以看看你的朋友了。"

"我是由地球上来的,不认识火星上的人。"

"反正你是外国人,外国人与外国人都是朋友。"

不必再给他解释;只希望快收完迷叶,好到猫城去看看。

七

我与大蝎的关系,据我看,永远不会成为好朋友的。据"我"看是如此;他也许有一片真心,不过我不能欣赏它;他——或任何猫人——设若有真心,那是完全以自己为中心的,为自己的利益而利用人似乎是他所以交友的主因。三四个月内,我一天也没忘了去看看我那亡友的尸骨,但是大蝎用尽方法阻止我去。这一方面看出他的自私;另一方面显露出猫人心中并没有"朋友"这个观念。自私,因为替他看护迷叶好像是我到火星来的唯一责任;没有"朋友"这个观念,因为他口口声声总是"死了,已经死了,干什么还看他去?"他第一不告诉我到那飞机堕落的地方的方向路径;第二,他老监视着我。其实我慢慢的寻找(我要是顺着河岸走,便不会找不到),总可以找到那个地方,但是每逢我走出迷林半里以外,他总是从天而降的截住我。截住了我,他并不强迫我回去;他能把以自己为中心的事说得使我替他伤心,好像听着寡妇述说自己的困难,一把鼻涕一把泪的使我不由的将自己的事搁在一旁。我想他一定背地里抿着嘴暗笑我是傻蛋,但是这个思想也不能使我心硬了。我几乎要佩服他了。

我不完全相信他所说的了;我要自己去看看一切。可是,他早防备着这个。迷林里并不只是他一个人。但是他总不许他们与我接近。我只在远处看见过他们：我一奔过他们去，登时便不见了，这一定是遵行大蝎的命令。

对于迷叶我决定不再吃。大蝎的劝告真是尽委婉恳挚的能事：不能不吃呀，不吃就会渴的，水不易得呀；况且还得洗澡呢，多么麻烦，我们是有经验的。不能不吃呀，别的吃食太贵呀；贵还在其次，不好吃呀。不能不吃呀，有毒气，不吃迷叶便会死的呀……我还是决定不再吃。他又一把鼻涕，一把泪了；我知道这是他的最后手段；我不能心软；因吃迷叶而把我变成个与猫人一样的人是大蝎的计划，我不能完全受他的摆弄；我已经是太老实了。我要恢复人的生活，要吃要喝要洗澡，我不甘心变成个半死的人。设若不吃迷叶而能一样的活着，合理的活着，哪怕是十天半个月呢，我便只活十天半个月也好；半死的活着，就是能活一万八千年我也不甘心干。我这么告诉大蝎了，他自然不能明白，他一定以为我的脑子是块石头。不论他怎想吧，我算打定了主意。

交涉了三天，没结果。只好拿手枪了。但是我还没忘了公平，把手枪放在地上告诉大蝎，"你打死我，我打死你，全是一样的，设若你一定叫我吃迷叶！你决定吧！"大蝎跑出两丈多远去。他不能打死我，枪在他手中还不如一根草棍在外国人手里；他要的是"我"，不是手枪。

折中的办法：我每天早晨吃一片迷叶，"一片，只是那么一小块宝贝，为是去毒气，"大蝎——请我把手枪带起去，又和我面对面的坐下——伸着一个短手指说。他供给我一顿晚饭。饮水是个困难问题。我建议：每天我去到河里洗个澡，同时带回一罐水来。他不认可。为什么天天跑那么远去洗澡，不聪明的事，况且还拿着罐子？为什么不舒舒服服的吃迷叶?"有福不会享",我知道他一定要说这个,可是他并没说出口来。况且——这才是他的真意——他还得陪着我。我不用他陪着;他怕我偷跑了,这是他所最关切的。其实我真打算逃跑,他陪着我也不是没用吗?我就这么问他,他的嘴居然闭上了十来分钟,我以为我是把他吓死过去了。

"你不用陪着我,我决定不跑,我起誓!"我说。

他轻轻摇了摇头:"小孩子才起誓玩呢!"

我急了,这是脸对脸的污辱我。我揪住了他头上的细毛,这是第一次我要用武力;他并没想到,不然他早会跑出老远的去了。他实在没想到,因为他说的是实话。他牺牲了些细毛,也许带着一小块头皮,逃了出去,向我说明:在猫人历史上,起誓是通行的,可是在最近五百年中,起完誓不算的太多,于是除了闹着玩的时候,大家也就不再起誓;信用虽然不能算是坏事,可是从实利上看是不方便的,这种改革是显然的进步,大蝎一边摸着头皮一边并非不高兴的讲。因为根本是不应当遵守的,所以小孩子玩耍时起誓最有趣味,这是事实。

"你有信用与否,不关我的事,我的誓到底还是誓!"我很强硬的说:"我决不偷跑,我什么时候要离开你,我自然直接告诉你。"

"还是不许我陪着?"大蝎犹疑不定的问。

"随便!"问题解决了。

晚饭并不难吃,猫人本来很会烹调的,只是绿蝇太多,我去掐了些草叶编成几个盖儿,嘱咐送饭的猫人来把饭食盖上,猫人似乎很不以为然,而且觉得有点可笑。有大蝎的命令他不敢和我说话,只微微的对我摇头。我知道不清洁是猫人历史上的光荣；没法子使他明白。惭愧，还得用势力，每逢一看见饭食上没盖盖，我便告诉大蝎去交派。一个大错误：有一天居然没给送饭来；第二天送来的时候，东西全没有盖，而是盖着一层绿蝇。原来因为告诉大蝎去嘱咐送饭的仆人，使大蝎与仆人全看不起我了。伸手就打，是上等猫人的尊荣；也是下等猫人认为正当的态度。我怎样办？我不愿意打人。"人"在我心中是个最高贵的观念。但是设若不打，不但仅是没有人送饭，而且将要失去我在火星上的安全。没法子，只好牺牲了猫人一块（很小的一块，凭良心说）头皮。行了，草盖不再闲着了。这几乎使我落下泪来，什么样的历史进程能使人忘了人的尊贵呢？

早晨到河上去洗澡是到火星来的第一件美事。我总是在太阳出来以前便由迷林走到沙滩，相隔不过有一里多地。恰好足以出点汗，使四肢都活软过来。在沙上，水只刚漫过脚面，我一边踩水，一边等着日出。日出以前的景色是极静美的：灰空中还没有雾气，一些大星还能看得见，四处没有一点声音，除了沙上的流水有些微响。太阳出来，我才往河中去；走过沙滩，水越来越深，走出半里多地便没了胸，我就在那里痛快的游泳一回。以觉得腹中饿了为限，游泳的时间大概总在半点钟左右。饿了，便走到沙滩上去晒干了身体。破裤子，手枪，火柴盒，全在一块大石上放着。我赤身在这大灰宇宙中。似乎完全无忧无虑，世界上最自然最自由的人。太阳渐渐热起来。河上起了雾，觉得有点闭闷；不错，大蝎没说谎，此地确有些毒瘴；这是该回去吃那片迷叶的时候了。

这点享受也不能长久的保持，又是大蝎的坏。大概在开始洗澡的第七天上吧，我刚一到沙滩上便看见远处有些黑影往来。我并未十分注意，依旧等着欣赏那日出的美景。东方渐渐发了灰红色。一会儿，一些散开的厚云全变成深紫的大花。忽然亮起来，星们不见了。云块全联成横片，紫色变成深橙，抹着一层薄薄的浅灰与水绿，带着亮的银灰边儿。横云裂开，橙色上加了些大黑斑，金的光脚极强的射起，金线在黑斑后面还透得过来。然后，一团血红从裂云中跳出，不很圆，似乎晃了几晃，固定了；不知什么时候裂云块变成了小碎片。联成一些金黄的鳞；河上亮了，起了金光。霞越变越薄越碎，渐渐的消灭，只剩下几缕浅桃红的薄纱；太阳升高了，全天空中变成银灰色，有的地方微微透出点蓝色来。

只顾呆呆的看着，偶一转脸，喝！离河岸有十来丈远吧，猫人站成了一大队！我莫名其妙。也许有什么事，我想，不去管，我去洗我的。我往河水深处走，那一大队也往那边挪动。及至我跳在河里，我听见一片极惨的呼声。我沉浮了几次，在河岸浅处站起来看看，又是一声喊，那队猫人全往后退了几步。我明白了，这是参观洗澡呢。

看洗澡，设若没看见过，也不算什么，我想。猫人决不是为看我的身体而来，赤体在他们看不是稀奇的事；他们也不穿衣服。一定是为看我怎样游泳。我是继续的泅水为他们开开眼界呢？还是停止呢？这倒不好决定。在这个当儿，我看见了大蝎，他离河岸最近，差不多离着那群人有一两丈远。这是表示他不怕我，我心中说。他又往前跳了几步，向我挥手，意思是叫我往河里跳。从我这三四个月的经验中，我可以想到，设若我要服从他的手势而往河里跳，他的脸面一定会增许多的光。但是我不能受这个,我生平最恨假外人的势力而欺侮自家人的。我向沙滩走去。大蝎又往前走了,离河岸差不多有四五丈,我从石上拿起手枪,向他比了一比。

八

我把大蝎拿住；看他这个笑，向来没看见过他笑得这么厉害。我越生气，他越笑，似乎猫人的笑是专为避免挨打预备着的。我问他叫人参观我洗澡是什么意思，他不说，只是一劲的媚笑。我知道他心中有鬼，但是不愿看他的贱样子，只告诉他：以后再有这种举动，留神你的头皮！

第二天我依旧到河上去。还没到沙滩，我已看见黑忽忽的一群，比昨天的还多。我决定不动声色的洗我的澡，以便看看到底是怎么回事，回去再和大蝎算账。太阳出来了，我站在水浅处，一边假装打水，一边看着他们。大蝎在那儿呢，带着个猫人，双手大概捧着一大堆迷叶，堆得顶住下巴。大蝎在前，拿迷叶的猫人在后，大蝎一伸手，那猫人一伸手，顺着那队猫人走；猫人手中的迷叶渐渐的减少了。我明白了，大蝎借着机会卖些迷叶，而且必定卖得很贵。

我本是个有点幽默的人，但是一时的怒气往往使人的行为失于偏急。猫人的怎样怕我——只因为我是个外国人——我是知道的；这一定全是大蝎的坏主意，我也知道。为惩罚大蝎一个人而使那群无辜的猫人连带的受点损失，不是我的本意。可是，在那时，怒气使我忘了一切体谅。我必须使大蝎知道我的厉害，不然，我永远不用再想安静的享受这早晨的运动。自然，设若猫人们也在早晨来游泳，我便无话可讲，这条河不是我独有的；不过，一个人泅水，几百人等着看，而且有借此作买卖的，我不能忍受。

我不想先捉住大蝎，他不告诉我实话；我必须捉住一个参观人，去问个分明。我先慢慢的往河岸那边退，背朝着他们，以免他们起疑。到了河岸，我想，我跑个百码，出其不备的捉住个猫人。

到了河岸，刚一转过脸来，听见一声极惨的呼喊，比杀猪的声儿还难听。我的百码开始，眼前就如同忽然地震一般，那群猫人要各自逃命，又要往一处挤，跑的，倒的，忘了跑的，倒下又往起爬的，同时并举；一展眼，全没了，好像被风吹散的一些落叶，这里一小团，那里一小团，东边一个，西边两个，一边跑，一边喊，好像都失了魂。及至我的百码跑完，地上只躺着几个了，我捉了一个，一看，眼已闭上，没气了！我的后悔比闯了祸的恐怖大的多。我不应当这么利用自己的优越而杀了人。但是我并没呆住，好似不自觉的又捉住另一个，腿坏了，可是没死。在事后想起来，我真不佩服我自己，分明看见人家腿坏了，而还去捉住他审问；分明看见有一个已吓死，而还去捉个半死的，设若"不自觉"是可原谅的，人性本善便无可成立了。

使半死的猫人说话，向个外国人说话，是天下最难的事；我知道，一定叫他出声是等于杀人的，他必会不久的也被吓死。可怜的猫人！我放了他。再看，那几个倒着的，身上当然都受了伤，都在地上爬呢，爬得很快。我没去追他们。有两个是完全不动了。

危险我是不怕的：不过，这确是惹了祸。知道猫人的法律是什么样的怪东西？吓死人和杀死人纵然在法律上有分别,从良心上看还不是一样?我想不出主意来。找大蝎去,解铃还是系铃人,他必定有办法。但是,大蝎决不会说实话,设若我去求他;等他来找我吧。假如我乘此机会去找那只飞机,看看我的亡友的尸骨,大蝎的迷林或者会有危险,他必定会找我去;那时我再审问他,他不说实话,我就不回来!要挟?对这不讲信用,不以扯谎为可耻的人,还有什么别的好办法呢?

把手枪带好,我便垂头丧气的沿着河岸走。太阳很热了,我知道我缺乏东西,妈的迷叶!没它我不能抵抗太阳光与这河上的毒雾。

猫国里不会出圣人,我只好咒骂猫人来解除我自己的不光荣吧。我居然想去由那两个死猫人手里搜取迷叶了!回到迷林,谁能拦住我去折下一大枝子呢?懒得跑那几步路!果然,他们手中还拿着迷叶,有一片是已咬去一半的。我全掳了过来。吃了一片,沿着河岸走下去。

走了许久,我看见了那深灰色的小山。我知道这离飞机坠落的地方不远了,可是我不知道那里离河岸有几里,和在河的哪一边上。真热,我又吃了两片迷叶还觉不出凉快来。没有树,找不到个有阴凉的地方休息一会儿。但是我决定前进,非找到那飞机不可。

正在这个当儿,后面喊了一声,我听得出来,大蝎的声儿。我不理他,还往前走。跑路的本事他比我强,被他追上了。我想抓住他的头皮把他的实话摇晃出来,但是我一看他那个样子,不好意思动手了。他的猪嘴肿着,头上破了一块,身上许多抓伤,遍体像是水洗过的,细毛全粘在皮肤上,不十分不像个成精的水老鼠。我吓死了人,他挨了打,我想猫人不敢欺侮外人，可是对他们自己是勇于争斗的。他们的谁是谁非与我无关，不过对吓死的受伤的和挨打的大蝎，我一视同仁的起了同情心。大蝎张了几次嘴才说出一句话来：快回去，迷林被抢了！

我笑了，同情心被这一句话给驱逐得净尽。他要是因挨打而请我给他报仇，虽然也不是什么好事，可是从一个中国人的心理看，我一定立刻随他回去。迷林被抢了，谁愿当这资本家走狗呢！抢了便抢了，与我有什么关系。

"快回去，迷林被抢了！"大蝎的眼珠差一点弩出来。迷林似乎是一切，他的命分文不值。

"先告诉我早晨的事，我便随你回去。"我说。

大蝎几乎气死过去，脖子伸了几伸，咽下一大团气去："迷林被抢了！"他要有那个胆子，他一定会登时把我掐死！

我也打定了主意：他不说实话，我便不动。

结果还是各自得到一半的胜利：登时跟他回去，在路上他诉说一切。

大蝎说了实话：那些参观的人是他由城里请来的，都是上等社会的人。上等社会的人当然不能起得那么早，可是看洗澡是太稀罕的事，况且大蝎允许供给他们最肥美的迷叶。每人给他十块"国魂"——猫国的一种钱名——作为参观费，迷叶每人两片——上等肥美多浆的迷叶——不另算钱。

好小子，我心里说，你拿我当作私产去陈列呀！但是大蝎还没等我发作，便很委婉的说明："你看，国魂是国魂，把别人家的国魂弄在自己的手里，高尚的行为！我虽然没有和你商议过，"他走得很快，但是并不妨碍他委曲婉转的陈说，"可是我这点高尚的行为，你一定不会反对的。你照常的洗澡，我借此得些国魂，他们得以开眼，面面有益的事，有益的事！"

"那吓死的人谁负责任？"

"你吓死的，没事！我要是打死人，"大蝎喘着说，"我只须损失一些迷叶，迷叶是一切，法律不过是几行刻在石头上的字；有迷叶，打死人也不算一回事。你打死人，没人管，猫国的法律管不着外国人，连'一'个迷叶也不用费；我自恨不是个外国人。你要是在乡下打死人，放在那儿不用管，给那白尾巴鹰一些点心；要是在城里打死人，只须到法厅报告一声，法官还要很客气的给你道谢。"大蝎似乎非常的羡慕我，眼中好像含着点泪。我的眼中也要落泪，可怜的猫人，生命何在？公理何在？

"那两个死去的也是有势力的人。他们的家属不和你捣乱吗？"

"当然捣乱，抢迷叶的便是他们；快走！他们久已派下人看着你的行动，只要你一离开迷林远了，他们便要抢；他们死了人，抢我的迷叶作为报复，快走！"

"人和迷叶的价值恰相等，啊？"

"死了便是死了，活着的总得吃迷叶！快走！"

我忽然想起来，也许因为我受了猫人的传染，也许因为他这两句话打动了我的心，我一定得和他要些国魂。假如有朝一日我离开大蝎——我们俩不是好朋友——我拿什么吃饭呢？他请人参观我洗澡得钱，我有分润一些的权利。设若不是在这种环境之下，自然我不会想到这个，但是环境既是如此，我不能不作个准备——死了便是死了，活着的总得吃迷叶！有理！

离迷林不远了，我站住了。"大蝎，你这两天的工夫一共收了多少钱？"

大蝎愣了，一转圆眼珠："五十块国魂，还有两块假的；快走！"

我向后转，开步走。他追上来："一百，一百！"我还是往前走。他一直添到一千。我知道这两天参观的人一共不下几百，决不能只收入一千，但是谁有那么大的工夫作这种把戏。"好吧，大蝎，分给我五百。不然，咱们再见！"

大蝎准知道：多和我争执一分钟，他便多丢一些迷叶；他随着一对眼泪答应了个"好！"

"以后再有不告诉我而拿我生财的事，我放火烧你的迷林。"我拿出火柴盒拍了拍！

他也答应了。

到了迷林，一个人也没有，大概我来到了之前，他们早有侦探报告，全跑了。迷林外边上的那二三十棵树，已差不多全光了。大蝎喊了声，倒在树下。

九

迷林很好看了：叶已长得比手掌还大一些，厚，深绿，叶缘上镶着一圈金红的边；那最肥美的叶起了些花斑，像一林各色的大花。日光由银灰的空中透过，使这些花叶的颜色更深厚静美一些，没有照眼的光泽，而是使人越看越爱看，越看心中越觉得舒适，好像是看一张旧的图画，颜色还很鲜明，可是纸上那层浮光已被年代给减除了去。

迷林的外边一天到晚站着许多许多参观的人。不，不是参观的，因为他们全闭着眼；鼻子支出多远，闻着那点浓美的叶味；嘴张着，流涎最短的也有二尺来长。稍微有点风的时候，大家全不转身，只用脖子追那股小风，以便吸取风中所含着的香味，好像些雨后的蜗牛轻慢的作着项部运动。偶尔落下一片熟透的大叶，大家虽然闭着眼，可是似乎能用鼻子闻到响声——一片叶子落地的那点响声——立刻全睁开眼，嘴唇一齐吧唧起来；但是大蝎在他们决定过来拾起那片宝贝之前，总是一团毛似的赶到将它捡起来；四围一声怨鬼似的叹息！

大蝎调了五百名兵来保护迷林，可是兵们全驻扎在二里以外，因为他们要是离近了迷林，他们便先下手抢劫。但是不能不调来他们，猫国的风俗以收获迷叶为最重大的事，必须调兵保护；兵们不替任何人保护任何东西是人人知道的，可是不调他们来作不负保护责任的保护是公然污辱将士,大蝎是个漂亮人物,自然不愿被人指摘,所以调兵是当然的事,可是安置在二里以外以免兵馋自乱。风稍微大一点,而且是往兵营那面刮,大蝎立刻便令后退半里或一里,以免兵们随风而至,抢劫一空。兵们为何服从他的命令,还是因为有我在那里;没有我,兵早就哗变了。"外国人咳嗽一声,吓倒猫国五百兵"是个谚语。

五百名兵之外,真正保护迷林的是大蝎的二十名家将。这二十位都是深明大义,忠诚可靠的人;但是有时候一高兴,也许把大蝎捆起来,而把迷林抢了。到底还是因为我在那里,他们因此不敢高兴,所以能保持着忠诚可靠。

大蝎真要忙死了:看着家将,不许偷食一片迷叶;看着风向,好下令退兵;看着林外参观的,以免丢失一个半个的落叶。他现在已经一气吃到三十片迷叶了。据说,一气吃过四十片迷叶,便可以三天不睡,可是第四天便要呜呼哀哉。迷叶这种东西是吃少了有精神而不愿干事;吃多了能干事而不久便死。大蝎无法,多吃迷叶,明知必死,但是不能因为怕死而少吃;虽然他极怕死,可怜的大蝎!

我的晚饭减少了。晚上少吃,夜间可以警醒,大蝎以对猫人的方法来对待我了。迷林只仗着我一人保护,所以我得夜间警醒着,所以我得少吃晚饭,功高者受下赏,这又是猫人的逻辑。我把一份饭和家伙全摔了,第二天我的饭食又照常丰满了,我现在算知道怎样对待猫人了,虽然我心中觉得很不安。

刮了一天的小风,这是我经验中的第一次。我初到此地的时候,一点风没有;迷叶变红的时候,不过偶然有阵小风；继续的刮一天，这是头一回。迷叶带着各种颜色轻轻的摆动，十分好看。大蝎和家将们，在迷林的中心一夜间赶造成一个大木架，至少有四五丈高。这原来是为我预备的。这小风是猫国有名的迷风，迷风一到，天气便要变了。猫国的节气只有两个，上半年是静季，没风。下半年是动季，有风也有雨。

早晨我在梦中听见一片响声，正在我的小屋外边。爬出来一看，大蝎在前，二十名家将在后，排成一队。大蝎的耳上插着一根鹰尾翎，手中拿着一根长木棍。二十名家将手中都拿着一些东西，似乎是乐器。见我出来，他将木棍往地上一戳，二十名家将一齐把乐器举起。木棍在空中一摇，乐器响了。有的吹，有的打，二十件乐器放出不同的声音，吹的是谁也没有和谁调和的趋向，尖的与粗的一样难听，而且一样的拉长，直到家将的眼珠几乎弩出来，才换一口气；换气后再吹，身子前后俯仰了几次，可是不肯换气，直到快憋死为止，有两名居然憋得倒在地上，可是还吹。猫国的音乐是讲究声音长而大的。打的都是像梆子的木器，一劲的打，没有拍节，没有停顿。吹的声音越尖，打的声音越紧，好像是随着吹打而丧了命是最痛快而光荣的事。吹打了三通，大蝎的木棍一扬，音乐停止。二十名家将全蹲在地上喘气。

大蝎将耳上的翎毛拔下，很恭敬的向我走来说："时间已到，请你上台，替神明监视着收迷叶。"我似乎被那阵音乐给催眠过去，或者更正确的说是被震晕了，心中本要笑，可是不由的随着大蝎走去。他把翎毛插在我的耳上，在前领路，我随着他，二十名音乐家又在我的后面。到了迷林中心的高架子，大蝎爬上去，向天祷告了一会儿，下面的音乐又作起来。他爬下来，请我上去。我仿佛忘了我是成人，像个贪玩的小孩被一件玩物给迷住，小猴似的爬了上去。大蝎看我上到了最高处，将木棍一挥，二十名音乐家全四下散开，在林边隔着相当的距离站好，面向着树。大蝎跑了。好大半天，他带来不少的兵。他们每个人拿着一根大棍，耳上插着一个鸟毛。走到林外，太队站住，大蝎往高架上一指，兵们把棍举起，大概是向我致敬。事后我才明白，我原来是在高架上作大神的代表，来替大蝎——他一定是大神所宠爱的贵人了——保护迷叶，兵们摘叶的时候，若私藏或偷吃一片，大蝎告诉他们，我便会用张手劈雳了他们。张手雷便是那把"艺术"。那二十名音乐家原来便是监视员，有人作弊，便吹打乐器，大蝎听到音乐便好请我放张手雷。

敬完了神，大蝎下令叫兵们两人一组散开，一人上树去摘，一人在下面等着把摘下来的整理好。离我最近的那些株树没有人摘，因为大蝎告诉他们：这些株离大神的代表太近，代表的鼻子一出气，他们便要瘫软在地上，一辈子不能再起来，所以这必须留着大蝎自己来摘。猫兵似乎也都被大蝎催眠过去，全分头去工作。大蝎大概又一气吃了三十片带花斑的上等迷叶，穿梭似的来回巡视，木棍老预备着往兵们的头上捶。听说每次收迷叶，地主必须捶死一两个猫兵；把死猫兵埋在树下，来年便可丰收。有时候，地主没预备好外国人作大神的代表，兵们便把地主埋在树下，抢了树叶，把树刨了都作成军器——就是木棍；用这种军器的是猫人视为最厉害的军队。

我大鹦鹉似的在架上拳着身，未免要发笑，我算干什么的呢？但是我不愿破坏了猫国的风俗，我来是为看他们的一切，不能不逢场作戏，必须加入他们的团体，不管他们的行为是怎样的可笑。好在有些小风，不至十分热，况且我还叫大蝎给我送来个我自己编的盖饭食的草盖暂当草帽，我总不致被阳光给晒晕过去。

猫兵与普通的猫人一点分别也没有，设若他们没那根木棍与耳上的鸟翎。这木棍与鸟翎自然会使他们比普通人的地位优越，可是在受了大蝎的催眠时，他们大概还比普通人要多受一点苦。像眠后的蚕吃桑叶，不大的工夫，我在上面已能看见原来被密叶遮住的树干。再过了一刻，猫兵已全在树尖上了。较比离我近一些的，全一手摘叶，一手遮着眼，大概是怕看见我而有害于他们的。

原来猫人并不是不能干事，我心中想，假如有个好的领袖，禁止了吃迷叶，这群人也可以很有用的。假如我把大蝎赶跑，替他作地主，作将领……但这只是空想，我不敢决定什么，我到底还不深知猫人。我正在这么想，我看见（因为树叶稀薄了我很能看清下面）大蝎的木棍照着一个猫兵的头去了。我知道就是我跳下去不致受伤，也来不及止住他的棍子了；但是我必须跳下去，在我眼中大蝎是比那群兵还可恶的，就是来不及救那个兵，我也得给大蝎个厉害。我爬到离地两丈多高的地方，跳了下去。跑过去，那个兵已躺在地上，大蝎正下令，把他埋在地下。一个不深明白他四围人们的心理的，是往往由善意而有害于人的。我这一跳，在猫兵们以为我是下来放张手雷，我跳在地上，只听霹咚噗咚四下里许多兵全掉下树来，大概跌伤的不在少数，因为四面全悲苦的叫着。我顾不得看他们，便一手提住大蝎。他呢，也以为我是看他责罚猫兵而来帮助他，因为我这一早晨处处顺从着他,他自然的想到我完全是他的爪牙了。我捉住了他,他莫名其妙了,大概他一点也不觉得打死猫兵是不对的事。

我问大蝎,"为什么打死人?"

"因为那个兵偷吃了一个叶梗。"

"为吃一个叶梗就可以……"我没往下说;我又忘了我是在猫人中,和猫人辩理有什么用呢!我指着四围的兵说:"捆起他来。"大家你看着我,我看着你,似乎不明白我的意思。"把大蝎捆起来!"我更清晰的说。还是没人上前。我心中冷了。设若我真领着这么一群兵,我大概永远不会使他们明白我。他们不敢上前,并不是出于爱护大蝎,而是完全不了解我的心意——为那死兵报仇,在他们的心中是万难想到的。这使我为难了:我若放了大蝎,我必定会被他轻视;我若杀了他,以后我用他的地方正多着呢;无论他怎不好,对于我在火星上——至少是猫国这一部分——所要看的,他一定比这群兵更有用一些。我假装镇静——问大蝎:"你是愿意叫我捆在树上,眼看着兵们把迷叶都抢走呢?还是愿意认罚?"

兵们听到我说叫他们抢,立刻全精神起来,立刻就有动手的,我一手抓着大蝎,一脚踢翻了两个。大家又不动了。大蝎的眼已闭成一道线,我知道他心中怎样的恨我:他请来的大神的代表,反倒当着兵们把他惩治了,极难堪的事,自然他决不会想到因一节叶梗而杀人是他的过错。但是他决定不和我较量,他承认了受罚。我问他,兵们替他收迷叶,有什么报酬。他说,一人给两片小迷叶。这时候,四围兵们的耳朵都在脑勺上立起来了,大概是猜想,我将叫大蝎多给他们一些迷叶。我叫他在迷叶收完之后,给他们一顿饭吃,像我每天吃的晚饭。兵们的耳朵都落下去了,却由嗓子里出了一点声音,好像是吃东西噎住了似的,不满意我的办法。对于死去那个兵,我叫大蝎赔偿他的家小一百个国魂。大蝎也答应了。但是我问了半天,谁知道他的家属在哪里?没有一个人出声。对于别人有益的事,哪怕是说一句话呢,猫人没有帮忙的习惯。这是我在猫国又住了几个月才晓得的。大蝎的一百个国魂因此省下了。

高荣生 插图

十

迷叶收完，天天刮着小风，温度比以前降低了十几度。灰空中时时浮着些黑云，可是并没落雨。动季的开始，是地主们带着迷叶到城市去的时候了。大蝎心中虽十二分的不满意我，可是不能不假装着亲善，为是使我好同他一齐到城市去；没有我，他不会平安的走到那里：因为保护迷叶，也许丢了他的性命。

迷叶全晒干，打成了大包。兵丁们两人一组搬运一包，二人轮流着把包儿顶在头上。大蝎在前，由四个兵丁把他抬起，他的脊背平平的放在四个猫头之上，另有两个高身量的兵托着他的脚，还有一名在后面撑住他的脖子，这种旅行的方法在猫国是最体面的，假如不是最舒服的。二十名家将全拿着乐器，在兵丁们的左右，兵丁如有不守规则的，比如说用手指挖破叶包，为闻闻迷味，便随时奏乐报告大蝎。什么东西要在猫国里存在必须得有用处，音乐也是如此，音乐家是兼作侦探的。我的地位是在大队的中间，以便前后照应。大蝎也给我预备了七个人；我情愿在地上跑，不贪图这份优待。大蝎一定不肯，引经据典的给我说明：皇帝有抬人二十一，诸王十五，贵人七……这是古代的遗风，身分的表示，不能，也不许，破坏的。我还是不干。"贵人地上走，"大蝎引用谚语了："祖先出了丑。"我告诉他我的祖先决不因此而出了丑。他几乎要哭了，又引了两句诗："仰面吃迷叶，平身作贵人。""滚你们贵人的蛋！"我想不起相当的诗句，只这么不客气的回答。大蝎叹了一口气，心中一定把我快骂化了，可是口中没敢骂出来。

排队就费了两点多钟的工夫，大蝎躺平又下来，前后七次，猫兵们始终排不齐；猫兵现在准知道我不完全帮忙大蝎，大蝎自然不敢再用木棍打裂他们的猫头，所以任凭大蝎怎么咒骂他们，他们反正是不往直里排列。大蝎投降了，下令前进，不管队伍怎样的乱了。

刚要起程，空中飞来几只白尾鹰，大蝎又跳下来，下令：出门遇鹰大不祥，明日再走！我把手枪拿出来了，"不走的便永远不要走了！"大蝎的脸都气绿了，干张了几张嘴，一句话没说出来。他知道与我辩驳是无益的，同时他知道犯着忌讳出行是多么危险的事。他费了十几分钟才又爬到猫头上去，浑身颤抖着。大队算是往前挪动了。不知道是被我气得躺不稳了，还是抬的人故意和他开玩笑，走了不大的工夫，大蝎滚下来好几次。但是滚下来，立刻又爬上去，大蝎对于祖先的遗风是极负保存之责的。

沿路上凡是有能写字的地方，树皮上，石头上，破墙上，全写上了大白字：欢迎大蝎，大蝎是尽力国食的伟人，大蝎的兵士执着正义之棍，有大蝎才能有今年的丰收……这原来都是大蝎预先派人写好给他自己看的。经过了几个小村庄，村人们全背倚破墙坐着，军队在他们眼前走过，他们全闭着眼连看也不看。设若他们是怕兵呢，为何不躲开？不怕呢，为何又不敢睁眼看？我弄不清楚。及至细一看，我才明白过来，这些原来是村庄欢迎大蝎的代表，因为他们的头上的细灰毛里隐隐绰绰的也写着白字,每人头上一个字,几个人合起来成一句"欢迎大蝎"等等字样。因为这也是大蝎事先派人给他们写好的,所以白色已经残退不甚清楚了。虽然他们全闭着眼,可是大蝎还真事似的向他们点头,表示致谢的意思。这些村庄是都归大蝎保护的。村庄里的破烂污浊,与村人们的瘦、脏、没有精神,可以证明他们的保护人保护了他们没有。我更恨大蝎了。

要是我独自走,大概有半天的工夫总可以走到猫城了。和猫兵们走路最足以练习忍耐性的。猫人本来可以走得很快,但是猫人当了兵便不会快走了,因为上阵时快走是自找速死,所以猫兵们全是以稳慢见长,慢慢的上阵,遇见敌人的时候再快快的——后退。

下午一点多了,天上虽有些黑云,太阳的热力还是很强,猫兵们的嘴都张得很宽,身上的细毛都被汗粘住,我没有见过这样不体面的一群兵。远处有一片迷林,大蝎下令绕道穿着林走。我以为这是他体谅兵丁们,到林中可以休息一会儿。及至快到了树林,他滚下来和我商议,我愿意帮助他抢这片迷林不愿意。"抢得一些迷叶还不十分重要,给兵们一些作战的练习是很有益的事。"大蝎说。没回答他,我先看了看兵们,一个个的嘴全闭上了,似乎一点疲乏的样子也没有了;随走随抢是猫兵们的正当事业。我想。我也看出来:大蝎与他的兵必定都极恨我,假如我拦阻他们抢劫。虽然我那把手枪可以抵得住他们,但是他们要安心害我,我是防不胜防的。况且猫人互相劫夺是他们视为合理的事,就是我不因个人的危险而舍弃正义,谁又来欣赏我的行为呢?我知道我是已经受了猫人的传染,我的勇气往往为谋自己的安全而减少了。我告诉大蝎随意办吧，这已经是退步的表示了，哪知我一退步，他就立刻紧了一板，他问我是否愿意领首去抢呢？对于这一点我没有迟疑的拒绝了。你们抢你们的，我不反对，也不加入，我这样跟他说。

兵们似乎由一往树林这边走便已嗅出抢夺的味儿来，不等大蝎下令，已经把叶包全放下，拿好木棍，有几个已经跑出去了。我也没看见大蝎这样勇敢过，他虽然不亲自去抢，可是他的神色是非常的严厉，毫无恐惧，眼睛瞪圆，头上的细毛全竖立起来。他的木棍一挥，兵们一声喊，全扑过迷林去。到了迷林，大家绕着林飞跑，好像都犯了疯病。我想，这大概是往外诱林中的看护人。跑了三圈，林中不见动静，大蝎笑了，兵们又是一声喊，全闯入林里去。

林中也是一声喊，大蝎的眼不那么圆了，眨巴了几下。他的兵退出来，木棍全撒了手，双手捂着脑勺，狼嚎鬼叫的往回跑："有外国人！有外国人！"大家一齐喊。

大蝎似乎不信，可是不那么勇敢了，自言自语的说："有外国人？我知道这里一定没有外国人！"他正这么说着。林中有人追出来了。大蝎慌了："真有外国人！"林中出来不少的猫兵。为首的是两个高个子，遍体白毛的人，手中拿着一条发亮的棍子。这两个一定是外国人了，我心中想；外国人是会用化学制造与铁相似的东西的。我心中也有点不安，假如大蝎请求我去抵挡那两个白人，我又当怎办？我知道他们手中发亮的东西是什么？抢人家的迷林虽不是我的主意，可是我到底是大蝎的保护人；看着他们打败而不救他，至少也有失我的身份，我将来在猫国的一切还要依赖着他。

"快去挡住！"大蝎向我说，"快去挡住！"

我知道这是义不容辞的,我顾不得思虑,拿好手枪走过去。出我意料之外,那两个白猫见我出来,不再往前进了。大蝎也赶过来,我知道这不能有危险了。"讲和!讲和!"大蝎在我身后低声的说。我有些发糊涂:为什么不叫我和他们打呢?讲和?怎样讲呢?事情到头往往不像理想的那么难,我正发糊涂。那两个白人说了话:"罚你六包迷叶。归我们三个人用!"我看了看,只有两个白人。怎么说三个呢?大蝎在后面低声的催我:"和他们讲讲!"我讲什么呢?傻子似的我也说了声:"罚你六包迷叶。归我们三个人用!"两个白人听我说了这句,笑着点了点头,似乎非常满意。我更莫名其妙了。大蝎叹了口气。分付搬过六包迷叶来。六包搬到,两个白人很客气的请我先挑两包。我这才明白。原来三个人是连我算在内的。我自然很客气的请他们先挑。他们随便的拿了四包交给他们的猫兵,而后向我说:"我们的迷叶也就收完。我们城里再见。"我也傻子似的说了声:"城里再见。"他们走回林里去了。

我心中怎么想怎么糊涂。这是什么把戏呢?

直到我到了猫城以后,与外国人打听,才明白了其中的曲折。猫国人是打不过外人的。他们唯一的希望是外国人们自己打起来。立志自强需要极大的努力,猫人太精明,不肯这样傻卖力气。所以只求大神叫外国人互相残杀,猫人好得个机会转弱为强,或者应说,得个机会看别国与他们自己一样的弱了。外国人明白这个,他们在猫国里的利害冲突是时时有的。但是他们决不肯互相攻击让猫国得着便宜。他们看得清清楚楚,他们自己起了纷争是硬对硬的。就是打胜了的也要受很大的损失;反之,他们若是联合起来一同欺侮猫国，便可以毫无损失的得到很大好处。不但国际间的政策是如此，就是在猫国作事的个人也守着这个条件。保护迷林是外国人的好职业。但是大家约定：只负替地主抵抗猫国的人。遇到双方都有外国人保护的时候，双方便谁也不准侵犯谁；有不守这个条件的，便由双方的保护人商议惩罚地主或为首的人。这样，既能避免外国人与外国人因猫国人的事而起争执，又能使保护人的地位优越，不致受了猫国人的利用。

为保护人设想这是不错的办法。从猫国人看呢？我不由的代大蝎们抱不平了。可是继而一想：大蝎们甘心忍受这个，甘心不自强，甘心请求外人打自己家的人。又是谁的过错呢？有同等的豪横气的才能彼此重视，猫国人根本失了人味。难怪他们受别人这样的戏弄。我为这件事心中不痛快了好几天。

往回说：大蝎受了罚，又郑重其事的上了猫头，一点羞愧的神气没有，倒好似他自己战胜了似的。他只向我说，假如我不愿要那两包迷叶——他知道我不大喜欢吃它——他情愿出三十个国魂买回去。我准知道这包迷叶至少也值三百国魂，可是我没说卖，也没说不卖，我只是不屑于理他，我连哼一声也没哼。

太阳平西了，看见了猫城。

高荣生 插图

十一

一眼看见猫城,不知道为什么我心中形成了一句话:这个文明快要灭绝!我并不晓得猫国文明的一切;在迷林所得的那点经验只足以引起我的好奇心,使我要看个水落石出,我心目中的猫国文明决不是个惨剧的穿插与布景;我是希望看清一个文明的底蕴,从而多得一些对人生的经验。文明与民族是可以灭绝的,我们地球上人类史中的记载也不都是玫瑰色的。读历史设若能使我们落泪,那么,眼前摆着一片要断气的文明,是何等伤心的事!

将快死去的人还有个回光返照,将快寿终的文明不必是全无喧嚣热闹的。一个文明的灭绝是比一个人的死亡更不自觉的;好似是创造之程已把那毁灭的手指按在文明的头上,好的——就是将死的国中总也有几个好人罢——坏的,全要同归于尽。那几个好的人也许觉出呼吸的紧促,也许已经预备好了绝命书,但是,这几个人的悲吟与那自促死亡的哀乐比起来,好似几个残蝉反抗着狂猛的秋风。

猫国是热闹的,在这热闹景象中我看见那毁灭的手指,似乎将要剥尽人们的皮肉,使这猫城成个白骨的堆积场。

啊!猫城真热闹!城的构造,在我的经验中,是世上最简单的。无所谓街衢,因为除了一列一眼看不到边的房屋,其余的全是街——或者应当说是空场。看见兵营便可以想象到猫城了:极大的一片空场,中间一排缺乏色彩的房子,房子的外面都是人,这便是猫城。人真多。说不清他们都干什么呢。没有一个直着走道的,没有一个不阻碍着别人的去路的。好在街是宽的,人人是由直着走,渐渐改成横着走,一拥一拥,设若拿那列房子作堤,人们便和海潮的激荡差不很多。我还不知道他们的房子有门牌没有。假如有的话,一个人设若要由五号走到十号去,他须横着走出——至少是三里吧,出了门便被人们挤横了,随着潮水下去;幸而遇见潮水改了方向,他便被大家挤回来。他要是走运的话,也许就到了十号。自然,他不能老走好运,有时候挤来挤去,不但离十号是遥遥无期,也许这一天他连家也回不去了。

　　城里为什么只有一列建筑是有道理的。我想:当初必定是有许多列房子,形成许多条较窄的街道。在较窄的街道中人们的拥挤必定是不但耽误工夫,而且是要出人命的:让路,在猫人看,是最可耻的事;靠一边走是与猫人爱自由的精神相背的;这样,设若一条街的两面都是房,人们只好永远挤住,不把房子挤倒了一列是无法解决的。因此,房子往长里一直的盖,把街道改成无限的宽;虽然这样还免不了拥挤,可是到底不会再出人命;挤出十里,再挤回十里,不过是多走一些路,并没有大的危险的;猫人的见解有时候是极人道的;况且挤着走,不见得一定不舒服,被大家把脚挤起来,分明便是坐了不花钱的车。这个设想对不对,我不敢说。以后我必去看看有无老街道的遗痕,以便证明我的理论。

　　要只是拥挤,还算不了有什么特色。人潮不只是一左一右的动,还一高一低的起伏呢。路上有个小石子,忽的一下，一群人全蹲下了，人潮起了个旋涡。石子，看小石子，非看不可！蹲下的改成坐下，四外又增加了许多蹲下的。旋涡越来越大。后面的当然看不见那石子，往前挤，把前面坐着的挤起来了几个，越挤越高，一直挤到人们的头上。忽然大家忘了石子，都仰头看上面的人。旋涡又填满了。这个刚填满，旁边两位熟人恰巧由天意遇到一块，忽的一下，坐下了，谈心。四围的也都跟着坐下了，听着二位谈心。又起了个旋涡。旁听的人对二位朋友所谈的参加意见了，当然非打起来不可。旋涡猛孤丁的扩大。打来打去，打到另一旋涡——二位老者正在街上摆棋。两个旋涡合成一个，大家不打了，看着二位老者下棋，在对摆棋发生意见以前，这个旋涡是暂时没有什么变动的。

要只是人潮起伏，也还算不得稀奇。人潮中间能忽然裂成一道大缝，好像古代以色列人的渡过红海。要不是有这么一招儿，我真想不出，大蝎的迷叶队怎能整队而行；大蝎的房子是在猫城的中间。离猫城不远，我便看见了那片人海，我以为大蝎的队伍一定是绕着人海的边上走。可是，大蝎在七个猫人头上，一直的冲入人群去。奏乐了。我以为这是使行人让路的表示。可是，一听见音乐，人们全向队伍这边挤，挤得好像要装运走的豆饼那么紧。我心里说：大蝎若能穿过去，才怪！哼，大蝎当然比我心中有准。只听啪哒啪哒啪哒，兵丁们的棍子就像唱武戏打鼓的那么起劲，全打在猫人的头上。人潮裂了一道缝。奇怪的是人们并不减少参观的热忱，虽是闪开了路，可依旧笑嘻嘻的，看着笑嘻嘻的！棍子也并不因此停止，还是啪哒啪哒的打着。我留神看了看，城里的猫人和乡下的有点不同，他们的头上都有没毛而铁皮了的一块,像鼓皮的中心,大概是为看热闹而被兵们当作鼓打是件有历史的事。经验不是随便一看便能得到的。我以为兵们的随走随打只是为开路。其实还另有作用:两旁的观众原来并没老实着,站在后面的谁也不甘居后列,推,踢,挤,甚至于咬,非达到"空前"的目的不可。同时,前面的是反蹒,肘顶,后倒,作着"绝后"的运动。兵丁们不只打最前面的,也伸长大棍"啪哒"后面的猫头。头上真疼,彼此推挤的苦痛便减少一些,因而冲突也就少一些。这可以叫作以痛治痛的方法。

我只顾了看人们,老实的说,他们给我一种极悲惨的吸诱力,我似乎不能不看他们。我说。我只顾了看人,甚至于没看那列房子是什么样子。我似乎心中已经觉到那些房子决不能美丽,因为一股臭味始终没离开我的鼻子。设若污浊与美丽是可以调和的,也许我的判断是错误的,但是我不能想象到阿房宫是被黑泥臭水包着的。路上的人也渐渐的不许我抬头了:只要我走近他们,他们立刻是一声喊叫,猛的退出老远,然后紧跟着又拥上了。城里的猫人对于外国人的畏惧心,据我看,不像乡下人那么厉害,他们的惊异都由那一喊倾泻出来,然后他们要上来仔细端详了。设若我在路上站定,准保我永远不会再动,他们一定会把我围得水泄不通。一万个手指老指着我,猫人是爽直的,看着什么新鲜便当面指出。但是我到底不能把地球上人类的好体面心除掉,我真觉得难受!一万个手指,都小手枪似的,在鼻子前面伸着,每个小手枪后面睁着两个大圆眼珠,向着我发光。小手枪们向上倾,都指着我的脸呢;小手枪们向下斜,都指着我的下部呢。我觉得非常的不安了,我恨不得一步飞起,找个清静地方坐一会儿。我的勇气没有了，简直的不敢抬头了。我虽不是个诗人，可是多少有点诗人的敏锐之感，这些手指与眼睛好似快把我指化看化了，我觉得我已经不是个有人格的东西。可是事情总得两面说着，我不敢抬头也自有好处，路上的坑坎不平和一滩滩的臭泥，设若我是扬着头走，至少可以把我的下半截弄成瘌猪似的。猫人大概没修过一回路，虽然他们有那么久远的历史。我似乎有些顶看不起历史，特别是那古远的。

幸而到了大蝎的家，我这才看明白，猫城的房子和我在迷林住的那间小洞是大同小异的。

十二

大蝎的住宅正在城的中心。四面是高墙,没门,没窗户。

太阳已快落了,街上的人渐渐散去。我这才看清,左右的房子也全是四方的,没门,没窗户。

墙头上露出几个猫头来,大蝎喊了几声,猫头们都不见了。待了一会儿,头又上来了,放下几条粗绳来把迷叶一包一包的都用绳子拉上去。天黑了。街上一个人也不见了。迷叶包只拉上多一半去,兵们似乎不耐烦了,全显出不安的神气。我看出来:猫人是不喜欢夜间干活的,虽然他们的眼力并不是不能在黑处工作的。

大蝎对我又很客气了:我肯不肯在房外替他看守一夜那未拉完的迷叶?兵们一定得回家,现在已经是很晚了。

我心里想:假如我有个手电灯,这倒是个好机会,可以独自在夜间看看猫城。可惜,两个手电灯都在飞机上,大概也都摔碎了。我答应了大蝎;虽然我极愿意看看他的住宅的内部,可是由在迷林住着的经验推测,在房子里未必比在露天里舒服。大蝎喜欢了,下令叫兵们散去。然后他自己揪着大绳上了墙头。

剩下我一个人,小风还刮着,星比往常加倍的明亮,颇有些秋意,心中觉得很爽快。可惜,房子外边一道臭沟叫我不能安美的享受这个静寂的夜晚。扯破一个迷叶包，吃了几片迷叶，一来为解饿，二来为抵抗四围的臭气，然后独自走来走去。

不由的我想起许多问题来：为什么猫人白天闹得那么欢，晚间便全藏起来呢？社会不平安的表示？那么些个人都钻进这一列房子去，不透风，没有灯光，只有苍蝇，臭气，污秽，这是生命？房子不开门？不开窗户？噢，怕抢劫！为求安全把卫生完全忘掉，疾病会自内抢劫了他们的生命！又看见那毁灭的巨指，我身上忽然觉得有点发颤。假如有像虎列拉、猩红热等的传染病，这城，这城，一个星期的工夫可以扫空人迹！越看这城越难看，一条丑大的黑影站在星光之下，没有一点声音，只发着一股臭气。

我搬了几包迷叶，铺在离臭沟很远的地方，仰卧观星，这并不是不舒服的一个床。但是，我觉得有点凄凉。我似乎又有点羡慕那些猫人了。脏，臭，不透空气……到底他们是一家老幼住在一处，我呢？独自在火星上与星光作伴！还要替大蝎看着迷叶！我不由的笑了，虽然眼中笑出两点泪来。

我慢慢的要睡去，心中有两个相反的念头似乎阻止着我安然的入梦：应当忠诚的替大蝎看着迷叶；和管他作什么呢。正在这么似睡非睡的当儿，有人拍了拍我的肩头。我登时就坐起来了，可是还以为我是作梦。无意义的揉了揉眼睛，面前站着两个猫人。在准知道没人的地方遇见人，不由得使我想到鬼，原人的迷信似乎老这么冷不防的吓唬我们这"文明"的人一下。

我虽没细看他们，已经准知道他们不是平常的猫人，因为他们敢拍我肩头一下。我也没顾得抓手枪，我似乎忘了我是在火星上。"请坐！"我不知道怎么想起这么两个字来，或者因为这是常用的客气话，所以不自觉地便说出来了。

这两位猫人很大方的坐下来。我心中觉得非常舒适；在猫人里处了这么多日子，就没有见过大大方方接受我的招待的。

"我们是外国人。"两个中的一个胖一些的人说："你知道我为什么提出'外国人'的意思？"

我明白他的意思。

"你也是外国人，"那个瘦些的说——他们两个不像是把话都预先编好才来的，而是显出一种互相尊敬的样子，决不像大蝎那样把话一个人都说了，不许别人开口。

"我是由地球上来的。"我说。

"噢！"两个一同显出惊讶的意思："我们久想和别的星球交通，可是总没办到。我们太荣幸了！遇见地球上的人！"两个一同立起来，似乎对我表示敬意。

我觉得我是又入了"人"的社会，心中可是因此似乎有些难过，一句客气话也没说出来。

他们又坐下了，问了我许多关于地球上的事。我爱这两个人。他们的话语是简单清楚，没有多少客气的字眼，同时处处不失朋友间的敬意，"恰当"是最好的形容字。恰当的话设若必须出于清楚的思路，这两个人的智力要比大蝎——更不用提其余的猫人——强着多少倍。

他们的国——光国，他们告诉我，是离此地有七天的路程。他们的职业和我的一样，为猫国地土保护迷林。

在我问了他们一些光国的事以后，他们说：

"地球先生，"（他们这样称呼我似乎是带着十二分的敬意）那个胖子说:"我们来有两个目的:第一是请你上我们那里去住,第二是来抢这些迷叶。"

第二个目的吓了我一跳。

"你向地球先生解说第二个问题。"胖子向瘦子说:"因为他似乎还不明白咱们的意思。"

"地球先生,"瘦子笑着说:"恐怕我们把你吓住了吧?请先生放心,我们决不用武力,我们是来与你商议。大蝎的迷叶托付在你手里,你忠心给他看守着呢,大蝎并不分外的感激你;你把它们没收了呢,大蝎也不恨你;这猫国的人,你要知道,是另有一种处世的方法的。"

"你们都是猫人!"我心里说。

他好像猜透我心中的话,他又笑了:"是的,我们的祖先都是猫,正如——"

"我的祖先是猴子。"我也笑了。

"是的,咱们都是会出坏主意的动物,因为咱们的祖先就不高明。"他看了看我,大概承认我的样子确像猴子,然后他说:"我们还说大蝎的事吧。你忠心替他看着迷叶,他并不感激你。反之,你把这一半没收了,他便可以到处声张他被窃了,因而提高他的货价。富人被抢,穷人受罚,大蝎永不会吃亏。"

"但是,那是大蝎的事;我既受了他的嘱托,就不应骗他;他的为人如何是一回事,我的良心又是一回事。"我告诉他们。

"是的,地球先生。我们在我们的国里也是跟你一样的看事,不过,在这猫国里,我们忠诚,他们狡诈,似乎不很公平。老实的讲,火星上还有这么一国存在,是火星上人类的羞耻。我们根本不拿猫国的人当人待。"

"因此我们就应该更忠诚正直;他们不是人,我们还要是人。"我很坚决的说。

那个胖子接了过去:"是的,地球先生。我们不是一定要叫你违背着良心作事。我们的来意是给你个警告,别吃了亏。我们外国人应当彼此照应。"

"原谅我,"我问,"猫国之所以这样贫弱是否因为外国的联合起来与他为难呢?"

"有那么一点。但是,在火星上,武力缺乏永远不是使国际地位失落的原因。国民失了人格,国便慢慢失了国格。没有人愿与没国格的国合作的。我们承认别国有许多对猫国不讲理的地方,但是,谁肯因为替没有国格的国说话而伤了同等国家的和气呢?火星上还有许多贫弱国家,他们并不因为贫弱而失去国际地位。国弱是有多种原因的,天灾,地势都足以使国家贫弱;但是,没有人格是由人们自己造成的,因此而衰弱是惹不起别人的同情的。以大蝎说吧,你是由地球上来的客人,你并不是他的奴隶,他可曾请你到他家中休息一刻?他可曾问你吃饭不吃?他只叫你看着迷叶!我不是激动你,以便使你抢劫他,我是要说明我们外国人为什么小看他们。现在要说到第一个问题了。"胖子喘了口气,把话交给瘦子。

"设若明天,你地球先生,要求在大蝎家里住,他决定不收你。为什么?以后你自己会知道。我们只说我们的来意:此地的外国人另住在一个地方,在这城的西边。凡是外国人都住在那里,不分国界,好像是个大家庭似的。现在我们两个担任招待的职务,知道那个地方的,由我们两个招待,不知道的,由我们通知,我们天天有人在猫城左右看着,以便报告我们。我们为什么组织这个团体呢,因为本地人的污浊的习惯是无法矫正的,他们的饭食和毒药差不多,他们的医生便是——噢,他们就没有医生!此外还有种种原因,现在不用细说,我们的来意完全出于爱护你,这大概你可以相信,地球先生?"

我相信他们的真诚。我也猜透一点他们没有向我明说的理由。但是我既来到猫城便要先看看猫城。也许先看别的国家是更有益的事;由这两个人我就看出来,光国一定比猫国文明得多,可是,看文明的灭亡是不易得的机会。我决不是拿看悲剧的态度来看历史,我心中实在希望我对猫城的人有点用处。我不敢说我同情于大蝎,但是大蝎不足以代表一切的人。我不疑心这两个外国人的话,但是我必须亲自去看过。

他们两个猜着我的心思,那个胖的说:"我们现在不用决定吧。你不论什么时候愿去找我们,我们总是欢迎你的。从这里一直往西去——顶好是夜间走,不拥挤——走到西头,再走不大一会儿便会看见我们的住处。再见,地球先生!"

他们一点不带不喜欢的样子,真诚而能体谅,我真感激他们。

"谢谢你们!"我说:"我一定上你们那里去,不过我先要看看此地的人们。"

"不要随便吃他们的东西!再见!"他们俩一齐说。

不!我不能上外国城去住!猫人并不是不可造就的,看他们多么老实:被兵们当作鼓打,还是笑嘻嘻的;天一黑便去睡觉,连半点声音也没有。这样的人民还不好管理?假如有好的领袖,他们必定是最和平,最守法的公民。

我睡不着了。心中起了许多许多色彩鲜明的图画:猫城改建了,成了一座花园似的城市,音乐,雕刻,读书声,花,鸟,秩序,清洁,美丽……

十 三

大蝎把迷叶全运进去,并没说声"谢谢"。

我的住处,他管不着;在他家里住是不行的,不行,一千多个理由不行。最后他说:"和我们一块住,有失你的身份呀!你是外国人,为何不住在外国城去?"他把那两个光国人不肯明说的话说出来了——不要脸的爽直!

我并没动气,还和他细细的说明我要住在猫城的原因。我甚至于暗示出,假如他的家里不方便,我只希望看看他的家中是什么样子,然后我自己会另找住处去。看看也不行。这个拒绝是预料得到的。在迷林里几个月的工夫,他到底住在哪里?我始终没探问出来;现在迷叶都藏在家里,被我知道了岂不是危险的事。我告诉大蝎,我要是有意抢劫他的迷叶,昨天晚上就已下手了,何必等他藏好我再多费事。他摇头:他家中有妇女,不便招待男客,这是个极有力的理由。但是,看一看并不能把妇女看掉一块肉呀——噢,我是有点糊涂,那不是大蝎的意思。

墙头上露出个老猫头来,一脑袋白毛,猪嘴抽抽着好像个风干的小木瓜。老猫喊起来:"我们不要外国人!不要外国人!不要,不要!"这一定是大蝎的爸爸。

我还是没动气,我倒佩服这个干木瓜嘴的老猫,他居然不但不怕,而且敢看不起外国人。这个看不起人也许出于无知,但是据我看,他总比大蝎多些人味。

一个青年的猫人把我叫到一旁,大蝎乘机会爬上墙去。

青年猫人,这是我最希望见一见的。这个青年是大蝎的儿子。我更欢喜了,我见着了三辈。木瓜嘴的老猫与大蝎,虽然还活着,也许有很大的势力,究竟是过去的人物了;诊断猫国病症的有无起色,青年是脉门。

"你是由远处来的?"小蝎——其实他另有名字,我这么叫他,为是省事——问我。

"很远很远!告诉我,那个老年人是不是你的祖父?"我问。

"是。祖父以为一切祸患都是外国人带来的,所以最恨外国人。"

"他也吃迷叶?"

"吃。因为迷叶是自外国传来的,所以他觉得吃迷叶是给外国人丢脸,不算他自己的错处。"

四围的人多了,全瞪着圆眼,张着嘴,看怪物似的看着我。

"我们不能找着清静地方谈一谈?"

"我们走到哪里,他们跟到哪里;就在这里谈吧。他们并不要听我们说什么,只要看看你怎么张嘴,怎么眨眼就够了。"

我很喜爱小蝎的爽直。

"好吧。"我也不便一定非找清静地方不可了。"你的父亲呢?"

"父亲是个新人物,至少是二十年前的新人物。二十年前他反对吃迷叶,现在他承袭了祖父的迷林。二十年前他提倡女权,现在他不许你进去,因为家中有妇女。祖父常说,将来我也是那样:少年的脾气喜新好奇,一到中年便回头看祖宗的遗法了。祖父一点外国事不懂,所以拿我们祖先遗传下来的规法当作处世的标准。父亲知道一些外国事,在他年青的时候,他要处处仿效外国人,现在他拿那些知识作为维持自己利益的工具。该用新方法的地方他使用新方法,不似祖父那样固执;但是这不过是处世方法上的运用,不是处世的宗旨的变动,在宗旨上父亲与祖父是完全相同的。"

我的眼闭上了;由这一片话的光亮里我看见一个社会变动的图画的轮廓。这轮廓的四外,也许是一片明霞,但是轮廓的形成线以内确是越来越黑。这团黑气是否再能与那段明霞联合成一片,由阴翳而光明,全看小蝎身上有没有一点有力的光色。我这样想,虽然我并不知道小蝎是何等的人物。

"你也吃迷叶?"我突然的问出来,好似我是抓住迷叶,拿它作一切病患的根源了,我并回答不出为什么这样想的理由。

"我也吃。"小蝎回答。

我心眼中的那张图画完全黑了,连半点光明也没有了。

"为什么?"我太不客气了——"请原谅我的这样爽直!"

"不吃它,我无法抵抗一切!"

"吃它便能敷衍一切?"

小蝎老大半天没言语。

"敷衍,是的!我到过外国,我明白一点世界大势。但是在不想解决任何的问题的民众中,敷衍;不敷衍怎能活着呢?"小蝎似笑非笑的说。

"个人的努力?"

"没用！这样多糊涂，老实，愚笨，可怜，贫苦，随遇而安，快活的民众；这么多只拿棍子，只抢迷叶与妇女的兵；这么多聪明，自私，近视，无耻，为自己有计划，对社会不关心的政客；个人的努力？自己的脑袋到底比别人的更值得关切一些！"

"多数的青年都这么思想吗？"我问。

"什么？青年？我们猫国里就没有青年！我们这里只有年纪的分别，设若年纪小些的就算青年，由这样青年变成的老人自然是老——"他大概是骂人呢，我记不得那原来的字了。"我们这里年纪小的人，有的脑子比我祖父的还要古老；有的比我父亲的心眼还要狭窄；有的——"

"环境不好也是不可忽略的事实，"我插嘴说，"我们不要太苛了。"

"环境不好是有恶影响的，可是从另一方面说，环境不好也正是使人们能醒悟的；青年总应当有些血性；可是我们的青年生下来便是半死的。他们不见着一点小便宜，还好；只要看见一个小钱的好处，他们的心便不跳了。平日他们看一切不合适；一看到便宜，个人的利益，他们对什么也觉得顺眼了。"

"你太悲观了，原谅我这么说，你是个心里清楚而缺乏勇气的悲观者。你只将不屑于努力的理由作为判断别人的根据，因此你看一切是黑色的，是无望的；事实上或者未必如此。也许你换一个眼光去看，这个社会并不那么黑暗的可怕？"

"也许；我把这个观察的工作留给你。你是远方来的人，或者看得比我更清楚更到家一些。"小蝎微微的笑了笑。

我们四围的人似乎已把我怎样张嘴，怎样眨眼看够了——看明白了没有还很可疑——他们开始看我那条破裤子了。我还有许多许多问题要问小蝎，但是我的四围已经几乎没有一点空气了，我求小蝎给我找个住处。他也劝我到外国城去住，不过他的话说得非常有哲学味："我不希望你真作那份观察的工作，因为我怕你的那点热心与期望全被浇灭了。不过，你一定主张在这里住，我确能给你找个地方。这个地方没有别的好处，他们不吃迷叶。"

　　"有地方住便不用说别的了，就请费心吧！"我算是打定了主意，决不到外国城去住。

十　四

我的房东是作过公使的。公使已死去好几年，公使太太除了上过外国之外，还有个特点——"我们不吃迷叶"，这句话她一天至少要说百十多次。不管房东是谁吧，我算达到爬墙的目的了。我好像小猫初次练习上房那么骄傲，到底我可以看看这四方房子里是怎样的布置了。

爬到半截，我心中有点打鼓了。我要说墙是摇动，算我说谎；随着手脚所触一劲儿落土，决一点不假。我心里说：这酥饽饽式的墙也许另有种作用。爬到墙头，要不是我眼晕，那必定是墙摇动呢。

房子原来没顶。下雨怎办呢？想不出，因而更愿意在这里住一住了。离墙头五尺来深有一层板子，板子中间有个大窟窿。公使太太在这个窟窿中探着头招待我呢。

公使太太的脸很大，眼睛很厉害，不过这不足使我害怕；一脸白粉，虽然很厚，可是还露着脸上的细灰毛，像个刺硬霜厚带着眼睛的老冬瓜，使我有点发怵。

"有什么行李就放在板子上吧。上面统归你用，不要到下面来。天一亮吃饭，天一黑吃饭，不要误了。我们不吃迷叶！拿房钱来！"公使太太确是懂得怎么办外交。

我把房钱付过。我有大蝎给我的那五百国魂在裤兜里装着呢。

这倒省事：我自己就是行李，只要我有了地方住，什么也不必张心了。房子呢，就是一层板，四面墙，也用不着搬桌弄椅的捣乱。只要我不无心中由窟窿掉下去，大概便算天下太平。板子上的泥至少有二寸多厚，泥里发出来的味道，一点也不像公使家里所应有的。上面晒着，下面是臭泥，我只好还得上街去。我明白了为什么猫人都白天在街上过活了。

我还没动身，窟窿中爬出来了：公使太太，同着八个冬瓜脸的妇女。八位女子先爬出墙去，谁也没敢正眼看我。末后，公使太太身在墙外，头在墙上发了话：

"我们到外边去，晚上见！没有法子，公使死了，责任全放在我身上，我得替他看着这八个东西！没钱，没男子，一天到晚得看着这八个年青的小妖精！我们不吃迷叶！丈夫是公使，公使太太，到过外国，不吃迷叶，一天到晚得看着八个小母猫！"

我希望公使太太快下去吧，不然这八位妇女在她口中不定变成什么呢！公使太太颇知趣，忽的一下不见了。

我又掉在迷魂阵里。怎么一回事呢？八个女儿？八个小姑？八个妾？对了，八个妾。大蝎不许我上他家去，大概也因为这个。板子下面，没有光，没有空气，一个猫人，带着一群母猫——引用公使太太的官话——臭，乱，淫，丑……我后悔了，这种家庭看与不看没什么重要。但是已交了房钱，况且，我到底得设法到下面去看看，不管是怎样的难堪。

她们都出去了，我是否应当现在就下去看看？不过，公使太太嘱咐我不要下去，偷偷的窥探是不光明的。正在这么犹豫，墙头上公使太太的头又回来了：

"快出去，不要私自往下面看，不体面！"

我赶紧的爬上去。找谁去呢？只有小蝎可以谈一谈，虽然他是那么悲观。但是，上哪里去找他呢？他当然不会在家里；在街上找人和海里摸针大概一样的无望。我横着挤出了人群，从远处望望那条街。我看清楚：城的中间是贵族的住宅与政府机关，因为房子比左右的高着很多。越往两边去越低越破，一定是贫民的住处和小铺子。记清了这个大概就算认识猫城了。

正在这个当儿，从人群挤出十几个女的来。白脸的一定是女的，从远处我也能认清了。她们向着我来了。我心中有点不得劲：由公使太太与大蝎给我的印象，我以为此地的妇女必定是极服从，极老实，极不自由的。随便乱跑，像这十几个女的，一定不会是有规矩的。我初到此地，别叫人小看了我，我得小心着点。我想到这里，便开始要跑。

"开始作观察的工作吗？"小蝎的声音。

我仔细一看，原来他在那群女郎的中间裹着呢。

我不用跑了。一展眼的工夫，我与小蝎被围在中间。

"来一个？"小蝎笑着说。眼睛向四围一转："这是花，这是迷，比迷叶还迷的迷，这是星……"他把她们的名字都告诉给我，可是我记不全了。

迷过来向我挤了挤眼，我打了个冷战。我不知道怎样办好了：这群女子是干什么的，我不晓得。设若都是坏人，我初来此地．不应不爱惜名誉；设若她们都是好人，我不应得罪她们。说实话，我虽不是个恨恶妇女的人，可是我对女子似乎永远没什么好感。我总觉得女子的好擦粉是一种好作虚伪的表示。自然,我也见过不擦粉的女子,可是,她们不见得比别的女子少一点虚伪。这点心理并不使我对女子减少应有的敬礼,敬而远之是我对女性的态度。因此我不肯得罪了这群女郎。

小蝎似乎看出我的进退两难了。他闹着玩似的用手一推她们,"去!去!两个哲学家遇见就不再要你们了。"她们唧唧的笑了一阵,很知趣的挤入人群里去。我还是发愣。

"旧人物多娶妾,新人物多娶妻,我这厌旧恶新的人既不娶妻,又不纳妾,只是随便和女子游戏游戏。敷衍,还是敷衍。谁敢不敷衍女的呢?"

"这群女的似乎——"我不知道怎样说好。

"她们?似乎——"小蝎接过去:"似乎——是女子。压制她们也好,宠爱她们也好,尊敬她们也好,迷恋她们也好,豢养她们也好;这只随男人的思想而异,女子自己永远不改变。我的曾祖母擦粉,我的祖母擦粉,我的母亲擦粉,我的妹妹擦粉,这群女子擦粉,这群女子的孙女还要擦粉。把她们锁在屋里要擦粉,把她们放在街上还要擦粉。"

"悲观又来了!"我说。

"这不是悲观,这是高抬女子,尊敬女子,男子一天到晚瞎胡闹,没有出息,忽而变为圣人,忽而变为禽兽;只有女子,惟独女子,是始终纯洁,始终是女子,始终奋斗:总觉得天生下来的脸不好,而必擦些白粉。男子设若也觉得圣人与禽兽的脸全欠些白润,他们当然不会那么没羞没耻,他们必定先顾脸面,而后再去瞎胡闹。"

这个开玩笑似的论调又叫我默想了。

小蝎很得意的往下说:"刚才这群女的,都是'所谓'

新派的女子。她们是我父亲与公使太太的仇敌。这并非说她们要和我父亲打架;而是我父亲恨她们,因为他不能把她们当作迷叶卖了,假如她们是他的女儿;也不能把她们锁在屋里,假如她们是他的妻妾。这也不是说她们比我的母亲或公使太太多些力量,多些能干,而是她们更像女子,更会不作事,更会不思想——可是极会往脸上擦粉。她们都顶可爱,就是我这不爱一切的人也得常常敷衍她们一下。"

"她们都受过新教育?"我问。

小蝎乐得半天说不出话来。

"教育?噢,教育,教育,教育!"小蝎似乎有点发疯:"猫国除了学校里'没'教育,其余处处'都是'教育!祖父的骂人,教育;父亲的卖迷叶,教育;公使太太的监管八个活的死母猫,教育;大街上的臭沟,教育;兵丁在人头上打鼓,教育;粉越擦越厚,女子教育;处处是教育,我一听见教育就多吃十片迷叶,不然,便没法不呕吐!"

"此地有很多学校?"

"多。你还没到街那边去看?"

"没有。"

"应当看看去。街那边全是文化机关。"小蝎又笑了。"文化机关与文化有关系没有,你不必问,机关确是在那里。"他抬头看了看天:"不好,要下雨!"

天上并没有厚云,可是一阵东风刮得很凉。

"快回家吧!"小蝎似乎很怕下雨。"晴天还在这里见。"

人潮遇见暴风,一个整劲往房子那边滚。我也跟着跑,虽然我明知道回到家中也还是淋着,屋子并没有顶。看人们疯了似的往墙上爬也颇有意思,我看见过几个人作障碍竞走，但是没有见过全城的人们一齐往墙上爬的。

东风又来了一阵，天忽然的黑了。一个扯天到地的大红闪，和那列房子交成一个大三角。鸡蛋大小的雨点随着一声雷拍打下来。远处刷刷的响起来，雨点稀少了，天低处灰中发亮，一阵凉风，又是一个大闪，听不见单独的雨点响了，一整排雨道从天上倒下来。天看不见了。一切都看不见了。只有闪光更厉害了。雨道高处忽然横着截开，一条惊蛇极快的把黑空切开一块，颤了两颤不见了；一切全是黑的了。跑到墙根，我身上已经完全湿了。

哪个是公使太太的房？看不清。我后退了几步，等着借闪光看看。又是一个大的，白亮亮的，像个最大的黑鬼在天上偶尔一睁眼，极快的眨巴了几下似的。不行，还是看不清。我急了，管它是谁的房呢，爬吧；爬上去再说。爬到半中腰，我摸出来了，这正是公使太太的房，因为墙摇动呢。

一个大闪，等了好像有几个世纪，整个天塌来了似的一声大雷。我和墙都由直着改成斜着的了。我闭上眼，又一声响，我到哪里去了？谁知道呢！

十　五

雷声走远了。这是我真听见了呢,还是作梦呢?不敢说。我一睁眼;不,我不能睁眼,公使太太的房壁上的泥似乎都在我脸上贴着呢。是的,是还打雷呢,我确醒过来了。我用手摸;不能,手都被石头压着呢。脚和腿似乎也不见了,觉得像有人把我种在泥土里了。

把手拔出来,然后把脸扒开。公使太太的房子变成了一座大土坟。我一边拔腿,一边疯了似的喊救人;我是不要紧的,公使太太和八位小妖精一定在极下层埋着呢!空中还飞着些雨点,任凭我怎样喊,一个人也没来:猫人怕水,当然不会在天完全晴了之前出来。

把我自己埋着的半截拔脱出来,我开始疯狗似的扒那堆泥土,也顾不得看身上有伤没有。天晴了,猫人全出来。我一边扒土,一边喊救人。人来了不少,站在一旁看着。我以为他们误会了我的意思,开始给他们说明:不是救我,是救底下埋着的九个妇人。大家昕明白了,往前挤了过来,还是没人动手。我知道只凭央告是无效的,摸了摸裤袋里,那些国魂还在那里呢。"过来帮我扒的,给一个国魂!"大家愣了一会,似乎不信我的话,我掏出两块国魂来,给他们看了看。行了,一窝蜂似的上来了。可是上来一个,拿起一块石头,走了;又上来一个,搬起一块砖,走了;我心里明白了：见便宜便捡着，是猫人的习惯。好吧，随你们去吧；反正把砖石都搬走，自然会把下面的人救出来。很快！像蚂蚁运一堆米粒似的，叫人想不到会能搬运得那么快。底下出了声音，我的心放下去一点。但是，只是公使太太一个人的声音，我的心又跳上了。全搬净了：公使太太在中间，正在对着那个木板窟窿那溜儿，坐着呢。其余的八位女子，都在四角卧着，已经全不动了。我要先把公使太太扶起来，但是我的手刚一挨着她的胳臂，她说了话：

"哎哟！不要动我，我是公使太太！抢我的房子，我去见皇上，老老实实的把砖给我搬回来！"其实她的眼还被泥糊着呢；大概见倒了房便抢，是猫人常干的事，所以她已经猜到。

四围的人还轻手蹑脚的在地下找呢。砖块已经完全搬走了，有的开始用手捧土；经济的压迫使人们觉得就是捧走一把土也比空着手回家好，我这么想。

公使太太把脸上的泥抓下来，腮上破了两块，脑门上肿起一个大包，两眼睁得像冒着火。她挣扎着站起来，一瘸一点的奔过一个猫人去，不知道怎会那么准确，一下子便咬住他的耳朵，一边咬一边从嘴角喙喙的叫，好似猫捉住了老鼠。那个被咬的嚎起来，拼命用手向后捶公使太太的肚子。两个转了半天，公使太太忽然看见地上卧着的妇女，她松了嘴，那个猫人像箭头似的跑开，四围的人喊了一声，也退出十几尺远。公使太太抱住一个妇女痛哭起来。

我的心软了，原来她并不是个没人心的人，我想过去劝劝，又怕她照样咬我的耳朵，因为她确乎有点发疯的样子。

哭了半天，她又看见了我。

"都是你,都是你,你把我的房爬倒了!你跑不了,他们抢我的东西也跑不了;我去见皇上,全杀了你们!"

"我不跑,"我慢慢的说:"我尽力帮着你便是了。"

"你是外国人,我信你的话。那群东西,非请皇上派兵按家搜不可,搜出一块砖也得杀了!我是公使太太!"公使太太的吐沫飞出多远去,啪的一声唾出一口血来。

我不知道她是否有那么大的势力。我开始安慰她,唯恐怕她疯了。"我们先把这八个妇女——"我问。

"你这里来,把这八个妖精怎么着?我只管活的,管不着死的,你有法子安置她们?"

这把我问住了,我知道怎么办呢,我还没在猫国办过丧事。

公使太太的眼睛越发的可怕了,眼珠上流着一层水光,可是并不减少疯狂的野火,好像泪都在眼中炼干,白眼珠发出磁样的浮光来。

"我跟你说说吧!"她喊:"我无处去诉苦,没钱,没男子,不吃迷叶,公使太太,跟你说说吧!"

我看出她是疯了,她把刚才所说的事似乎都忘了,而想向我诉委屈了。

"这个,"她揪住一个死妇人的头皮,"这个死妖精。十岁就被公使请来了。刚十岁呀,筋骨还没长全,就被公使给收用了。一个月里,不要天黑,一到黑天呀,她,这个小死妖精,她便嚎啊,嚎啊,爹妈乱叫,拉住我的手不放,管我叫妈,叫祖宗,不许我离开她。但是,我是贤德的妇人,我不能与个十岁的丫头争公使呀;公使要取乐,我不能管,我是太太,我得有太太的气度。这个小妖精,公使一奔过她去，她就呼天喊地，嚎得不像人声。公使取乐的时候，看她这个央告，她喊哪：公使太太！公使太太！好祖宗，来救救我！我能禁止公使取乐吗？我不管。事完了，她躺着不动了，是假装死呢，是真晕过去？我不知道，也不深究。我给她上药，给她作吃食，这个死东西，她并一点不感念我的好处！后来，她长成了人，看她那个跋扈，她恨不能把公使整个的吞了。公使又买来了新人，她一天到晚的哭哭啼啼，怨我不拦着公使买人；我是公使太太，公使不多买人，谁能看得起他？这个小妖精，反怨我不管着公使，浪东西，臊东西，小妖精！"公使太太把那个死猫头推到一边，顺手又抓住另一个。"这个东西是妓女，她一天到晚要吃迷叶，还引诱着公使吃；公使有吃迷叶的瘾怎么再上外国？看她那个闹！叫我怎办，我不能拦着公使玩妓女，我又不能看着公使吃迷叶，而不能上外国去。我的难处，你不会想到作公使太太的难处有多么大！我白天要监视着不叫她偷吃迷叶，到晚上还得防备着她鼓动公使和我捣乱，这个死东西！她时时刻刻想逃跑呢，我的两只眼简直不够用的了，我老得捎着她一眼，公使的妾跑了出去，大家的脸面何在？"公使太太的眼睛真像发了火，又抓住一个死妇人的头：

"这个东西，最可恶的就是她！她是新派的妖精！没进门之前她就叫公使把我们都撵出去，她好作公使太太，哈哈，那如何作得到。她看上了公使，只因为他是公使。别的妖精是公使花钱买来的，这个东西是甘心情愿跟他，公使一个钱没花，白玩了她。她把我们妇人的脸算丢透了！她一进门，公使连和我们说话都不敢了。公使出门，她得跟着，公使见客，她得陪着，她俨然是公使太太了。我是干什么的？

公使多买女人，该当的；公使太太只能有我一个！我非惩治她不行了，我把她捆在房上，叫雨淋着她，淋了三回，她支持不住了，小妖精！她要求公使放她回家，她还说公使骗了她；我能放了她？自居后补公使太太的随便与公使吵完一散？没听说过。想再嫁别人？没那么便宜的事。难哪！作公使太太不是件容易的事。我昼夜看着她。幸而公使又弄来了这个东西，"她转身从地上挑选出一个死妇人，"她算是又和我亲近了，打算联合我，一齐反对这个新妖精。妇人都是一样的，没有男人陪着就发慌；公使和这新妖精一块睡，她一哭便是一夜。我可有话说了：你还要作公使太太？就凭你这样离不开公使？你看我这真正公使太太！要作公使太太就别想独占公使，公使不是卖东西的小贩子，一辈子只抱着一个老婆！"

公使太太的眼珠子全红了。抱住了一个死妇人的头在地上撞了几下。笑了一阵，看了看我——我不由的往后退了几步。

"公使活着，她们一天不叫我心静，看着这个，防备着那个，骂这个，打那个，一天到晚不叫我闲着。公使的钱，全被她们花了。公使的力量都被她们吸干了。公使死了，连一个男孩子也没留下。不是没生过呀，她们八个，都生过男孩子，一个也没活住。怎能活住呢，一个人生了娃娃，七个人昼夜设法谋害他。争宠呀，唯恐有男孩子的升作公使太太。我这真作太太的倒没像她们那么嫉妒，我只是不管，谁把谁的孩子害了，是她们的事，与我不相干；我不去害小孩子，也不管她们彼此谋害彼此的娃娃，太太总得有太太的气度。

"公使死了，没钱，没男子，把这八个妖精全交给了我！有什么法子，我能任凭她们逃跑去嫁人吗？我不能，我一天到晚看着她们，一天到晚苦口的相劝，叫她们明白人生的大道理。她们明白吗？未必！但是我不灰心，我日夜的管着她们。我希望什么？没有可希望的，我只望皇上明白我的难处，我的志向，我的品行，赏给我些恤金，赐给我一块大匾，上面刻上'节烈可风'。可是，你没听见我刚才哭吗？你听见没有？"

我点点头。

"我哭什么？哭这群死妖精？我才有工夫哭她们呢！我是哭我的命运，公使太太，不吃迷叶，现在会房倒屋塌，把我的成绩完全毁灭！我再去见皇上，我有什么话可讲。设若皇上坐在宝座上问我：公使太太你有什么成绩来求赏赐？我说什么？我说我替死去的公使管养着八个女人，没出丑，没私逃。皇上说，她们在哪里呢？我说什么？说她们都死了？没有证据能得赏赐吗？我说什么？公使太太！"她的头贴在胸口上了。我要过去，又怕她骂我。

她又抬起头来，眼珠已经不转了："公使太太，到过外国……不吃迷叶……恤金！大匾……公使太太……"

公使太太的头又低了下去，身子慢慢的向一边倒下来，躺在两个妇人的中间。

十　六

我难过极了！公使太太的一段哀鸣，使我为多少世纪的女子落泪，我的手按着历史上最黑的那几页，我的眼不敢再往下看了。

不到外国城去住是个错误。我又成了无家之鬼了。上哪里去？那群帮忙的猫人还看着我呢，大概是等着和我要钱。他们抢走了公使太太的东西，不错，但是，那恐怕不足使他们扔下得个国魂的希望吧？我的头疼得很厉害，牙也摔活动了两个。我渐渐的不能思想了，要病。我的心中来了个警告。我把一裤袋的国魂，有十块一个的，有五块一个的，都扔在地上，让他们自己分吧，或是抢吧，我没精神去管。那八个妇人是无望了；公使太太呢，也完了，她的身下流出一大汪血，眼睛还睁着，似乎在死后还关心那八个小妖精。我无法把她们埋起来，旁人当然不管；难堪与失望使我要一拳把我的头击碎。

我在地上坐了一会儿。虽然极懒得动，到底还得立起来，我不能看着这些妇人在我的眼前臭烂了。我一瘸一拐的走，大概为外国人丢脸不少。街上又挤满了人。有些少年人，手中都拿着块白粉，挨着家在墙壁上写字呢，墙还很潮，写过以后，经小风一吹，特别的白。"清洁运动"，"全城都洗过"……每家墙壁上都写上了这么一句。虽然我的头是那么疼,我不能不大笑起来。下完雨提倡洗过全城,不必费人们一点力量,猫人真会办事。是的,臭沟里确乎被雨水给冲干净了,清洁运动,哈哈!莫非我也有点发疯么?我恨不能掏出手枪打死几个写白字的东西们!

我似乎还记得小蝎的话:街那边是文化机关。我绕了过去,不是为看文化机关,而是希望找个清静地方去忍一会儿。我总以为街市的房子是应当面对面的,此处街上的房子恰好是背倚背的,这个新排列方法使我似乎忘了点头疼。可是,这也就是不大喜欢新鲜空气与日光的猫人才能想出这个好主意,房背倚着房背,中间一点空隙没有,这与其说是街,还不如说是疾病酿造厂。我的头疼又回来了。在异国生病使人特别的悲观,我似乎觉得没有生还中国的希望了。

我顾不得细看了,找着个阴凉便倒了下去。

睡了多久?我不知道。一睁眼我已在一间极清洁的屋子中。我以为这是作梦呢,或是热度增高见了幻象,我摸了摸头,已不十分热!我莫名其妙了。身上还懒,我又闭上了眼。有点极轻的脚步声,我微微的睁开眼:比迷叶还迷的迷!她走过来,摸了摸我的头,微微的点点头:"好啦!"她向自己说。

我不敢再睁眼,等着事实来说明事实吧。过了不大的工夫,小蝎来了,我放了心。

"怎样了?"我听见他低声的问。

没等迷回答,我睁开了眼。

"好了?"他问我。我坐起来。

"这是你的屋子?"我又起了好奇心。

"我们俩的,"他指了指迷,"我本来想让你到这里来住,但是恐怕父亲不愿意。你是父亲的人,父亲至少这么想;他不愿意我和你交朋友,他说我的外国习气已经太深。"

"谢谢你们!"我又往屋中扫了一眼。

"你纳闷我们这里为什么这样干净?这就是父亲所谓的外国习气。"小蝎和迷全笑了。

是的,小蝎确是有外国习气。以他的言语说,他的比大蝎的要多用着两倍以上的字眼,大概许多字是由外国语借来的。

"这是你们俩的家?"我问。

"这是文化机关之一。我们俩借住。有势力的人可以随便占据机关的房子。我们俩能保持此地的清洁便算对得起机关;是否应以私人占据公家的地方,别人不问,我们也不便深究。敷衍,还得用这两个最有意思的字!迷,再给他点迷叶吃。"

"我已经吃过了吗?"我问。

"刚才不是我们灌你一些迷叶汁,你还打算再醒过来呀?迷叶是真正好药!在此地,迷叶是众药之王。它能治的,病便有好的希望;它不能治的,只好等死。它确是能治许多的病。只有一样,它能把'个人'救活,可是能把'国家'治死,迷叶就是有这么一点小缺点!"小蝎又来了哲学家的味了。

我又吃了些迷叶,精神好多了,只是懒得很。我看出来光国和别的外国人的智慧。他们另住在一处,的确是有道理的。猫国这个文明是不好惹的;只要你一亲近它,它便一把油漆似的将你胶住,你非依着它的道儿走不可。猫国便是个海中的旋涡,临近了它的便要全身陷入。要入猫国便须不折不扣的作个猫人,不然,干脆就不要粘惹它。我尽力的反抗吃迷叶,但是,结果?还得吃!在这里必须吃它,不吃它别在这里,这是绝对的。设若这个文明能征服了全火星——大概有许多猫国人抱着这样的梦想——全火星的人类便不久必同归于尽:浊秽,疾病,乱七八糟,糊涂,黑暗,是这个文明的特征;纵然构成这个文明的分子也有带光的,但是那一些光明决抵抗不住这个黑暗的势力。这个势力,我看出来,必须有朝一日被一些真光,或一些毒气,好像杀菌似的被剪除净尽。不过,猫人自己决不这么想。小蝎大概看到这一步,可是因为看清这局棋已经是输了,他便信手摆子,而自己笑自己的失败了。至于大蝎和其余的人只是作梦而已。

我要问小蝎的问题多极了。政治,教育,军队,财政,出产,社会,家庭……

"政治我不懂,"小蝎说,"父亲是专门作政治的,去问他。其余的事我有知道的,也有不知道的,顶好你先自己去看,看完再问我。只有文化事业我能充分帮忙,因为父亲对什么事业都有点关系,他既不能全照顾着,所以对文化事业由我作他的代表。你要看学校,博物院,古物院,图书馆,只要你说话,我便叫你看得满意。"

我心里觉得比吃迷叶还舒服了:在政治上我可以去问大蝎;在文化事业上问小蝎,有这二蝎,我对猫国的情形或者可以知道个大概了。

但是我是否能住在这里呢?我不敢问小蝎。凭良心说,我确是半点离开这个清洁的屋子的意思也没有。但是我不能摇尾乞怜,等着吧!

小蝎问我先去看什么,惭愧,我懒得动。

"告诉我点你自己的历史吧!"我说,希望由他的言语中看出一点大蝎家中的情形。

小蝎笑了。每逢他一笑,我便觉得他可爱又可憎。他自己知道他比别的猫人优越,因而他不肯伸一伸手去拉扯他们一把——恐怕弄脏了他的手!他似乎觉得他生在猫国是件大不幸的事,他是荆棘中唯一的一朵玫瑰。我不喜欢这个态度。

"父母生下我来,"小蝎开始说,迷坐在他一旁,看着他的眼。"那不关我的事。他们极爱我,也不关我的事。祖父也极爱我,没有不爱孙子的祖父,不算新奇。幼年的生活似乎没有什么可说的。"小蝎扬头想了想,迷扬着头看他。"对了,有件小事也许值得你一听,假如不值得我一说。我的乳母是个妓女。妓女可以作乳母,可是不准我与任何别的小孩子一块玩耍。这是我们家的特别教育。为什么非请妓女看护孩子呢?有钱。我们有句俗话:钱能招鬼。这位乳娘便是鬼中之一。祖父愿意要她,因为他以为妓女看男孩,兵丁看女孩,是最好的办法,因为她们或他们能教给男女小孩一切关于男女的知识。有了充分的知识,好早结婚,早生儿女,这样便是对得起祖宗。妓女之外,有五位先生教我读书,五位和木头一样的先生教给我一切猫国的学问。后来有一位木头先生忽然不木头了,跟我的乳母逃跑了。那四位木头先生也都被撵了出去。我长大了,父亲把我送到外国去。父亲以为凡是能说几句外国话的,便算懂得一切,他需要一个懂得一切的儿子。在外国住了四年,我当然懂得一切了,于是就回家来。出乎父亲意料之外,我并没懂得一切,只是多了一些外国习气。可是,他并不因此而不爱我,他还照常给我钱花。我呢，乐得有些钱花，和星，花，迷，大家一天到晚凑凑趣。表面上我是父亲的代表，主办文化事业，其实我只是个寄生虫。坏事我不屑于作，好事我作不了，敷衍——这两个宝贝字越用越有油水！"小蝎又笑了，迷也随着笑了。

"迷是我的朋友，"小蝎又猜着了我的心思，"一块住的朋友。这又是外国习气。我家里有妻子，十二岁就结婚了，我六岁的时候，妓女的乳母便都教会了我，到十二岁结婚自然外行不了的。我的妻子什么也会，尤其会生孩子，顶好的女人，据父亲说。但是我愿意要迷。父亲情愿叫我娶迷作妾，我不肯干。父亲有十二个妾，所以看纳妾是最正当的事。父亲最恨迷，可是不大恨我，因为他虽然看外国习气可恨，可是承认世界上确乎有这么一种习气，叫作外国习气。祖父恨迷，也恨我，因为他根本不承认外国习气。我和迷同居，我与迷倒没有什么，可是对猫国的青年大有影响。你知道，我们猫国的人以为男女的关系只是'那么'着。娶妻，那么着；娶妾，那么着；玩妓女，那么着；现在讲究自由联合，还是那么着；有了迷叶吃，其次就是想那么着。我是青年人们的模范人物。大家都是先娶妻，然后再去自由联合，有我作前例。可是，老人们恨我入骨，因为娶妻妾是大家可以住在一处的，专为那么着，那么着完了就生一群小孩子。现在自由联合呢，既不能不要妻子，还得给情人另预备一个地方，不然，便不算作足了外国习气。这么一来，钱要花得特别的多，老人们自然供给不起，老人们不拿钱，青年人自然和老人们吵架。我与迷的罪过真不小。"

"不会完全脱离了旧家庭？"我问。

"不行呀，没钱！自由联合是外国习气，可是我们并不能舍去跟老子要钱的本国习气。这二者不调和，怎能作足了'敷衍'呢？"

"老人们不会想个好方法？"

"他们有什么方法呢？他们承认女子只是为那么着预备的。他们自己娶妾，也不反对年青的纳小，怎能禁止自由联合呢？他们没方法，我们没方法，大家没方法。娶妻，娶妾，自由联合，都要生小孩；生了小孩谁管养活着？老人没方法，我们没方法，大家没方法。我们只管那么着的问题，不管子女问题。老的拼命娶妾，小的拼命自由，表面上都闹得挺欢，其实不过是那么着，那么着的结果是多生些没人照管没人养活没人教育的小猫人，这叫作加大的敷衍。我祖父敷衍，我的父亲敷衍，我敷衍，那些青年们敷衍；'负责'是最讨厌的一个名词。"

"女子自己呢？难道她们甘心承认是为那么着的？"我问。

"迷，你说，你是女的。"小蝎向迷说。

"我？我爱你。没有可说的。你愿意回家去看那个会生小孩的妻子，你就去，我也不管。你什么时候不爱我了，我就一气吃四十片迷叶，把迷迷死！"

我等着她往下说，她不再言语了。

十 七

我没和小蝎明说,他也没留我,可是我就住在那里了。

第二天,我开始观察的工作。先看什么,我并没有一定的计划;出去遇见什么便看什么似乎是最好的方法。

在街的那边,我没看见过多少小孩子,原来小孩子都在街的这边呢。我心里喜欢了,猫人总算有这么一点好处:没忘了教育他们的孩子,街这边既然都是文化机关,小孩子自然是来上学了。

猫小孩是世界上最快活的小人们。脏,非常的脏,形容不出的那么脏;瘦,臭,丑,缺鼻短眼的,满头满脸长疮的,可是,都非常的快活。我看见一个脸上肿得像大肚罐子似的,嘴已肿得张不开,腮上许多血痕,他也居然带着笑容,也还和别的小孩一块跳,一块跑。我心里那点喜欢气全飞到天外去了。我不能把这种小孩子与美好的家庭学校联想到一处。快活?正因为家庭学校社会国家全是糊涂蛋,才会养成这样糊涂的孩子们,才会养成这种脏,瘦,臭,丑,缺鼻短眼的,可是还快活的孩子们。这群孩子是社会国家的索引,是成人们的惩罚者。他们长大成人的时候不会使国家不脏,不瘦,不臭,不丑;我又看见了那毁灭的巨指按在这群猫国的希望上,没希望!多妻,自由联合,只管么着,没人肯替他的种族想一想。爱的生活,在毁灭的巨指下讲爱的生活，不知死的鬼！

　　我先不要匆忙的下断语，还是先看了再说话吧。我跟着一群小孩走。来到一个学校：一个大门，四面墙围着一块空地。小孩都进去了。我在门外看着。小孩子有的在地上滚成一团，有的往墙上爬，有的在墙上画图，有的在墙角细细检查彼此的秘密，都很快活。没有先生。我等了不知有多久，来了三个大人。他们都瘦得像骨骼标本，好似自从生下来就没吃过一顿饱饭，手扶着墙，慢慢的蹭，每逢有一阵小风他们便立定哆嗦半天。他们慢慢的蹭进校门。孩子们照旧滚，爬，闹，看秘密。三位坐在地上，张着嘴喘气。孩子们闹得更厉害了，他们三位全闭上眼，堵上耳朵，似乎唯恐得罪了学生们。又过了不知多少时候，三位一齐立起来，劝孩子们坐好。学生们似乎是下了决心永不坐好。又过了大概至少有一点钟吧，还是没坐好。幸而三位先生——他们必定是先生了——一眼看见了我，"门外有外国人！"只这么一句，小孩子全面朝墙坐好，没有一个敢回头的。

　　三位先生的中间那一位大概是校长，他发了话："第一项唱国歌。"谁也没唱，大家都愣了一会儿，校长又说："第二项向皇上行礼。"谁也没行礼，大家又都愣了一会儿。"向大神默祷。"这个时候，学生们似乎把外国人忘了，开始你挤我，我挤你，彼此叫骂起来。"有外国人！"大家又安静了。"校长训话。"校长向前迈了一步，向大家的脑勺子说：

　　"今天是诸位在大学毕业的日子，这是多么光荣的事体！"

　　我几乎要晕过去，就凭这群……大学毕业？但是，我先别动情感，好好的听着吧。

高荣生　插图

校长继续的说：

"诸位在这最高学府毕业，是何等光荣的事！诸位在这里毕业，什么事都明白了，什么知识都有了，以后国家的大事便全要放在诸位的肩头上，是何等的光荣的事！"校长打了个长而有调的呵欠。"完了！"

两位教员拼命的鼓掌，学生又闹起来。

"外国人！"安静了。"教员训话。"

两位先生谦逊了半天，结果一位脸瘦得像个干倭瓜似的先生向前迈了一步。我看出来，这位先生是个悲观者，因为眼角挂着两点大泪珠。他极哀婉的说："诸位，今天在这最高学府毕业是何等光荣的事！"他的泪珠落下一个来。"我们国里的学校都是最高学府，是何等光荣的事！"又落下一个泪珠来。"诸位，请不要忘了校长和教师的好处。我们能作诸位的教师是何等的光荣，但是昨天我的妻子饿死了，是何等的……"他的泪像雨点般落下来。挣扎了半天，他才又说出话来："诸位，别忘了教师的好处，有钱的帮点钱，有迷叶的帮点迷叶！诸位大概都知道，我们已经二十五年没发薪水了？诸位……"他不能再说了，一歪身坐在地上。

"发证书。"

校长从墙根搬起些薄石片来，石片上大概是刻着些字，我没有十分看清。校长把石片放在脚前，说："此次毕业，大家都是第一，何等的光荣！现在证书放在这里，诸位随便来拿，因为大家都是第一，自然不必分前后的次序。散会。"

校长和那位先生把地下坐着的悲观者搀起，慢慢的走出来。学生并没去拿证书，大家又上墙的上墙，滚地的滚地，闹成一团。

什么把戏呢?我心中要糊涂死!回去问小蝎。

小蝎和迷都出去了。我只好再去看,看完一总问他吧。

在刚才看过的学校斜旁边又是一处学校,学生大概都在十五六岁的样子。有七八个人在地上按着一个人,用些家伙割剖呢。旁边还有些学生正在捆两个人。这大概是实习生理解剖,我想。不过把活人捆起来解剖未免太残忍吧?我硬着心看着,到底要看个水落石出。一会儿的工夫,大家把那两个人捆好,都扔在墙根下,两个人一声也不出,大概是已吓死过去。那些解剖的一边割宰,一边叫骂:

"看他还管咱们不管,你个死东西!"扔出一只胳膊来!

"叫我们念书?不许招惹女学生?社会黑暗到这样,还叫我念书?!还不许在学校里那么着?挖你的心,你个死东西!"鲜红的一块飞到空中!

"把那两个死东西捆好了?抬过一个来!"

"抬校长,还是历史教员?"

"校长!"

我的心要从口中跳出来了!原来这是解剖校长与教员!

也许校长教员早就该杀,但是我不能看着学生们大宰活人。我不管谁是谁非,从人道上想,我不能看着学生们——或任何人——随便行凶。我把手枪掏出来了。其实我喊一声,他们也就全跑了,但是,我真动了气,我觉得这群东西只能以手枪对待,其实他们哪值得一枪呢。哪!我放了一枪。哗啦,四面的墙全倒了下来。大雨后的墙是受不住震动的,我又作下一件错事。想救校长,把校长和学生全砸在墙底了!我心中没了主意。就是杀校长的学生也是一条命,我不能甩手一走。但是怎样救这么些人呢?幸而,墙只是土堆成的；我不知道近来心中怎么这样卑鄙，在这百忙中似乎想到：校长大概确是该杀，看这校址的建筑，把钱他全自己赚了去，而只用些土堆成围墙。办学校的而私吞公款，该杀。虽然是这么猜想，我可是手脚没闲着，连拉带扯，我很快的拉出许多人来。每逢拉出一个土鬼，连看我一眼也不看便疯了似的跑去，像是由笼里往外掏放生的鸽子似的。并没有受重伤的，我心中不但舒坦了，而且觉得这个把戏很有趣。最后把校长和教员也掏出来，他们的手脚全捆着呢，所以没跑。我把他们放在一旁；开始用脚各处的踢，看土里边还有人没有，大概是没有了；可是我又踢了一遍。确乎觉得是没有人了，我回来把两位捆着的土鬼都松了绑。

待了好大半天，两位先生睁开了眼。我手下没有一些救急的药，和安神壮气的酒类，只好看着他们两个，虽然我急于问他们好多事情，可是我不忍得立刻问他们。两位先生慢慢的坐起来，眼睛还带着惊惶的神气。我向他们一微笑，低声的问："哪位是校长？"

两人脸上带出十二分害怕的样子，彼此互相指了一指。

神经错乱了，我想。

两位先生偷偷的，慢慢的，轻轻的，往起站。我没动。我以为他们是要活动活动身上。他们立起来，彼此一点头，就好像两个雌雄相逐的蜻蜓在眼前飞过那么快，一眨眼的工夫，两位先生已跑出老远。追是没用的，和猫人竞走我是没希望得胜的。我叹了一口气，坐在土堆上。

怎么一回事呢？噢，疑心！藐小！狡猾！谁是校长？他们彼此指了一指。刚活过命来便想牺牲别人而保全自己，他们以为我是要加害于校长，所以彼此指一指。偷偷的，慢慢的立起来，像蜻蜓飞跑了去！哈哈！我狂笑起来！我不是笑他们两个，我是笑他们的社会：处处是疑心，藐小，自利，残忍。没有一点诚实，大量，义气，慷慨！学生解剖校长，校长不敢承认自己是校长……黑暗，黑暗，一百分的黑暗！难道他们看不出我救了他们？噢，黑暗的社会里哪有救人的事。我想起公使太太和那八个小妖精，她们大概还在那里臭烂着呢！

校长，先生，教员，公使太太，八个小妖精……什么叫人生？我不由的落了泪。

到底是怎么回事？想不出，还得去问小蝎。

十 八

下面是小蝎的话:

在火星上各国还是野蛮人的时候,我们已经有了教育制度,猫国是个古国。可是,我们的现行教育制度是由外国抄袭来的。这并不是说我们不该摹仿别人,而是说取法别人并不是件容易的事。互相摹仿是该当的,而且是人类文明改进的一个重要动力。没有人采行我们的老制度,而我们必须学别人的新制度,这已见出谁高谁低。但是,假如我们能摹仿得好,使我们的教育与别国的并驾齐驱,我们自然便不能算十分低能。我们施行新教育制度与方法已经二百多年,可是依然一塌糊涂,这证明我们连摹仿也不会;自己原有的既行不开,学别人又学不好,我是个悲观者,我承认我们的民族的低能。

低能民族的革新是个笑话,我们的新教育,所以,也是个笑话。

你问为什么一点的小孩子便在大学毕业?你太诚实了,或者应说太傻了,你不知道那是个笑话吗?毕业?那些小孩都是第一天入学的!要闹笑话就爽快闹到家,我们没有其他可以自傲的事,只有能把笑话闹得彻底。这过去二百年的教育史就是笑话史,现在这部笑话史已到了末一页,任凭谁怎样聪明也不会再把这个大笑话弄得再可笑一点。在新教育初施行的时候，我们的学校也分多少等级，学生必须一步一步的经过试验，而后才算毕业。经过二百年的改善与进步，考试慢慢的取消了，凡是个学生，不管他上课与否，到时候总得算他毕业。可是，小学毕业与大学毕业自然在身份上有个分别，谁肯甘心落个小学毕业的资格呢，小学与大学既是一样的不上课？所以我们彻底的改革了，凡是头一天入学的就先算他在大学毕业，先毕业，而后——噢，没有而后，已经毕业了，还要什么而后？

这个办法是最好的——在猫国。在统计上，我们的大学毕业生数目在火星上各国中算第一，数目第一也就足以自慰，不，自傲了；我们猫人是最重实际的。你看，屈指一算，哪一国的大学毕业生人数也跟不上我们的，事实，大家都满意的微笑了。皇上喜欢这个办法，要不是他热心教育，怎么能有这么多大学毕业生？他对得起人民。教员喜欢这个办法，人人是大学教师，每个学校都是最高学府，每个学生都是第一，何等光荣！家长喜欢这个办法，七岁的小泥鬼，大学毕业；子弟聪明是父母的荣耀。学生更不必说了，只要他幸而生在猫国，只要他不在六七岁的时期死了，他总可以得个大学毕业资格。从经济上看呢，这个办法更妙得出奇：原先在初办学校的时候，皇上得年年拿出一笔教育费，而教育出来的学生常和皇上反对为难，这岂不是花钱找麻烦？现在呢，皇上一个钱不要往外拿，而年年有许多大学毕业生，这样的毕业生也不会和皇上过不去。饿死的教员自然不少，大学毕业生人数可增加了呢。原先校长教员因为挣钱，一天到晚互相排挤，天天总得打死几个，而且有时候鼓动学生乱闹，闹得大家不安；现在皇上不给他们钱，他们还争什么？

他们要索薪吧，皇上不理他们，招急了皇上，皇上便派兵打他们的脑勺。他们的后盾是学生，可是学生现在都一入学便毕业，谁去再帮助他们呢。没有人帮助他们闹事，他们只好等着饿死，饿死是老实的事，皇上就是满意教师们饿死。

家长的儿童教育费问题解决了，他们只须把个小泥鬼送到学校里，便算没了他们的事。孩子们在家呢，得吃饭；孩子们入学校呢，也得吃饭；有饭吃，谁肯饿着小孩子；没饭吃呢，小孩也得饿着；上学与不上学是一样的，为什么不去来个大学毕业资格呢？反正书笔和其他费用是没有的，因为入学并不为读书，也就不读书，因为得资格，而且必定得资格。你说这个方法好不好？

为什么还有人当校长与教员呢，你问？

这得说二百年来历史的演进。你看，在原先，学校所设的课程不同，造就出来的人才也就不一样，有的学工，有的学商，有的学农……可是这些人毕业后，干什么呢？学工的是学外国的一点技巧，我们没给他们预备下外国的工业；学商的是学外国的一些方法，我们只有些个小贩子，大规模的事业只要一开张便被军人没收了；学农的是学外国的农事，我们只种迷叶，不种别的；这样的教育是学校与社会完全无关，学生毕业以后可干什么去？只有两条出路：作官与当教员。要作官的必须有点人情势力，不管你是学什么的，只要朝中有人便能一步登天。谁能都有钱有势呢？作不着官的，教书是次好的事业；反正受过新教育的是不甘心去作小工人小贩子的，渐渐的社会上分成两种人：学校毕业的和非学校毕业的。前者是抱定以作官作教员为职业，后者是作小工人小贩子的。这种现象对于政治的影响，我今天先不说；对于教育呢，我们的教育便成了轮环教育。我念过书，我毕业后便去教你的儿女，你的儿女毕业了，又教我的儿女。在学识上永远是那一套东西，在人格上天天有些退步，这怎样讲呢？毕业的越来越多了，除了几个能作官的，其余的都要教书，哪有那么多学校呢？只好闹笑话。轮环教育本来只是为传授那几本不朽之作的教科书，并不讲什么仁义道德，所以为争一个教席，有时候能引起一二年的内战，杀人流血，好像大家真为教育事业拼命似的，其实只为那点薪水。

慢慢的教育经费被皇上，政客，军人，都拿了去，大家开始专作索薪的运动，不去教书。学生呢，看透了先生们是什么东西，也养成了不上课的习惯，于是开始刚才我说的不读书而毕业的运动。这个运动断送了教育经费的命。皇上，政客，军人，家长，全赞助这个运动；反正教育是没用的东西，而教员是无可敬畏的玩艺，大家乐得省几个钱呢。但是，学校不能关门；恐怕外国人耻笑；于是入学便算大学毕业的运动成熟了。学校照旧开着，大学毕业人数日见增加，可是一个钱不要花。这是由轮环教育改成普及教育。即等于无教育，可是学校还开着。天大的笑话。

这个运动成熟的时候，作校长与教师的并不因此而减少对于教育的热心，大家还是一天到晚打得不可开交。为什么？原先的学校确是像学校的样子，有桌椅，有财产，有一切的设备；有经费的时候，大家尽量赚钱，校长与教员只好开始私卖公产。争校长：校产少的争校产多的，没校产的争有校产的，又打了个血花乱溅。皇上总是有人心的，既停止了教育经费，怎再好意思禁止盗卖校产，于是学校一个一个的变成拍卖场，到了现在，全变成四面墙围着一块空地。那么,现在为什么还有人愿意作校长教员呢?不干是闲着,干也是闲着,何必不干呢?再说,有个校长教员的名衔到底是有用的,由学生升为教员,由教员升为校长,这本来是轮环教育的必遵之路;现在呢,校长教员既无钱可拿,只好借着这个头衔作升官的阶梯。这样,我们的学校里没教育,可是有学生有教员有校长,而且任何学校都是最高学府。学生一听说自己的学校是最高学府,心眼里便麻那么一下,而后天下太平。

学校里既没有教育,真要读书的人怎办呢?恢复老制度——聘请家庭教师教子弟在家中念书。自然,这只有富足的人家才能办到,大多数的儿童还是得到学校里去失学。这个教育的失败把猫国的最后希望打得连影子也没有了。新教育的初一试行是污蔑新学识的时期。新制度必须与新学识一同由外国搬运过来,学识而名之曰新的,显然是学识老在往前进展,日新月异的搜求真理。可是新制度与新学识到了我们这里便立刻长了白毛,像雨天的东西发霉。本来吗,采取别人家的制度学识最容易像由别人身上割下一块肉补在自己身上,自己觉得只要从别人身上割来一块肉就够了,大家只管割取人家的新肉,而不管肌肉所需的一切养分。取来一堆新知识,而不晓得研究的精神,势必走到轮环教育上去不可。这是污辱新知识,可是,在这个时期,人们确是抱着一种希望,虽然他们以为从别人身上割取一块新肉便会使自己长生不老是错误的,可是究竟他们有这么一点迷信,他们总以为只要新知识一到——不管是多么小的一点——他们立刻会与外国一样的兴旺起来。这个梦想与自傲还是可原谅的,多少是有点希冀的。到了现在,人们只知道学校是争校长,打教员，闹风潮的所在，于是他们把这个现象与新知识煮在一个锅里咒骂了：新知识不但不足以强国，而且是毁人的，他们想。这样，由污蔑新知识时期进而为咒骂新知识时期。现在家庭聘请教师教读子弟，新知识一概除外，我们原有的老石头书的价钱增长了十倍。我的祖父非常的得意，以为这是国粹战胜了外国学问。我的父亲高兴了，他把儿子送到外国读书，以为这么一办，只有他的儿子可以明白一切，可以将来帮助他利用新知识去欺骗那些抱着石头书本的人。父亲是精明强干的，他总以为外国的新知识是有用的，可是只要几个人学会便够了，有几个学会外国的把戏，我们便会强盛起来。可是一班的人还是同情于祖父：新知识是种魔术邪法，只会使人头晕目眩，只会使儿子打父亲，女儿骂母亲，学生杀教员，一点好处也没有。这咒骂新知识的时期便离亡国时期很近了。

你问，这新教育崩溃的原因何在？我回答不出。我只觉得是因为没有人格。你看，当新教育初一来到的时候，人们为什么要它？是因为大家想多发一点财，而不是想叫子弟多明白一点事，是想多造出点新而好用的东西，不是想叫人们多知道一些真理。这个态度已使教育失去养成良好人格和启发研究精神的主旨的一部分。及至新学校成立了，学校里有人，而无人格，教员为挣钱，校长为挣钱，学生为预备挣钱，大家看学校是一种新式的饭铺；什么是教育，没有人过问。又赶上国家衰弱，社会黑暗，皇上没有人格，政客没有人格，人民没有人格，于是这学校外的没人格又把学校里的没人格加料的洗染了一番。自然，在这贫弱的国家里，许多人们连吃还吃不饱，是很难以讲到人格的，人格多半是由经济压迫而堕落的。不错。但是，这不足以作办教育的人们的辩护。为什么要教育？救国。怎样救国？知识与人格。这在一办教育的时候便应打定主意，这在一愿作校长教师的时候便应该牺牲了自己的那点小利益。也许我对于办教育的人的期许过重了。人总是人，一个教员正和一个妓女一样的怕挨饿。我似乎不应专责备教员，我也确乎不肯专责备他们。但是，有的女人纵然挨饿也不肯当妓女，那么，办教育的难道就不能咬一咬牙作个有人格的人？自然，政府是最爱欺侮老实人的，办教育的人越老实便越受欺侮；可是，无论怎样不好的政府，也要顾及一点民意吧。假如我们办教育的真有人格，造就出的学生也有人格，社会上能永远瞎着眼看不出好坏吗？假如社会看办教育的人如慈父，而造就出的学生都能在社会上有些成就，政府敢轻视教育？敢不发经费？我相信有十年的人格教育，猫国便会变个样子。可是，新教育已办了二百年了，结果？假如在老制度之下能养成一种老实，爱父母，守规矩的人们，怎么新教育会没有相当的好成绩呢？人人说——尤其是办教育的人们——社会黑暗，把社会变白了是谁的责任？办教育的人只怨社会黑暗，而不记得他们的责任是使社会变白了的，不记得他们的人格是黑夜的星光，还有什么希望？！我知道我是太偏，太理想。但是办教育的人是否都应当有点理想？我知道政府社会太不帮忙他们了，但是谁愿意帮忙与政府社会中一样坏的人？

你看见了那宰杀教员的？先不用惊异。那是没人格的教育的当然结果。教员没人格，学生自然也跟着没人格。不但是没人格，而且使人们倒退几万年，返回古代人吃人的光景。人类的进步是极慢的，可是退步极快，一时没人格，人便立刻返归野蛮，况且我们办了二百年的学校？在这二百年中天天不是校长与校长或教员打，便是教员与教员或校长打，不是学生与学生打，便是学生与校长教员打；打是会使人立刻变成兽的，打一次便增多一点野性，所以到了现在，学生宰几个校长或教员是常见的事。你也用不着为校长教员抱不平，我们的是轮环教育，学生有朝一日也必变成校长或教员，自有人来再杀他们。好在多几个这样的校长教师与社会上一点关系没有，学校里谁杀了谁也没人过问。在这种黑暗社会中，人们好像一生出来便小野兽似的东闻闻西抓抓，希望搜寻到一点可吃的东西，一粒砂大的一点便宜都足使他们用全力去捉到。这样的一群小人们恰好在学校里遇上那么一群教师，好像一群小饿兽遇见一群老饿兽，他们非用爪牙较量较量不可了，贪小便宜的欲望烧起由原人遗下来的野性，于是为一本书，一个迷叶，都可以打得死尸满地。闹风潮是青年血性的激动，是有可原谅的；但是，我们此处的风潮是另有风味的，借题目闹起来，拆房子毁东西，而后大家往家里搬砖拾破烂，学生心满意足，家长也皆大欢喜。因闹风潮而家中白得了几块砖，一根木棍，风潮总算没有白闹。校长教师是得机会就偷东西，学生是借机会就拆毁，拆毁完了往家里搬运。校长教师该死。学生该死。学生打死校长教师正是天理昭彰，等学生当了校长教师又被打死也是理之当然，这就是我们的教育。教育能使人变成野兽，不能算没有成绩，哈哈！

十 九

小蝎是个悲观者。我不能不将他的话打些折扣。但是，学生入学先毕业，和屠宰校长教员，是我亲眼见的；无论我怎样怀疑小蝎的话，我无从与他辩驳。我只能从别的方面探问。

"那么，猫国没有学者？"我问。

"有。而且很多。"我看出小蝎又要开玩笑了。果然，他不等我问便接着说："学者多，是文化优越的表示，可是从另一方面看，也是文化衰落的现象，这要看你怎么规定学者的定义。自然我不会给学者下个定义，不过，假如你愿意看看我们的学者，我可以把他们叫来。"

"请来，你是说？"我矫正他。

"叫来！请，他们就不来了，你不晓得我们的学者的脾气；你等着看吧！迷，去把学者们叫几个来，说我给他们迷叶吃。叫星，花们帮着你分头去找。"

迷笑嘻嘻的走出去。

我似乎没有可问的了，一心专等看学者，小蝎拿来几片迷叶，我们俩慢慢的嚼着，他脸上带着点顶淘气的笑意。

迷和星，花，还有几个女的先回来了，坐了个圆圈把我围在当中。大家看着我，都带出要说话又不敢说的神气。

"留神啊，"小蝎向我一笑，"有人要审问你了！"

她们全唧唧的笑起来。迷先说了话：

"我们要问点事，行不行？"

"行。不过，我对于妇女的事可知道的不多。"我也学会小蝎的微笑与口气。

"告诉我们，你们的女子什么样儿？"大家几乎是一致的问。

我知道我会回答得顶有趣味："我们的女子，脸上擦白粉。"大家"噢"了一声。"头发收拾得顶好看，有的长，有的短，有的分缝，有的向后拢，都擦着香水香油。"大家的嘴全张得很大，彼此看了看头上的短毛，又一齐闭上嘴，似乎十二分的失望。"耳朵上挂着坠子，有的是珍珠，有的是宝石，一走道儿坠子便前后的摇动。"大家摸了摸脑勺上的小耳朵，有的——大概是花——似乎要把耳朵揪下来。"穿着顶好看的衣裳，虽然穿着衣裳，可是设法要露出点肌肉来，若隐若现，比你们这全光着的更好看。"我是有点故意与迷们开玩笑："光着身子只有肌肉的美，可是肌肉的颜色太一致，穿上各种颜色的衣裳呢，又有光彩，又有颜色，所以我们的女子虽然不反对赤身，可是就在顶热的夏天也多少穿点东西。还穿鞋呢，皮子的，缎子的，都是高底儿，鞋尖上镶着珠子，鞋跟上绣着花，好看不好看？"我等她们回答。没有出声的，大家的嘴都成了个大写的"O"。"在古时候，我们的女子有把脚裹得这么小的，"我把大指和食指捏在一块比了一比，"现在已经完全不裹脚了，改为——"大家没等我说完这句，一齐出了声："为什么不裹了呢？为什么不裹了呢？糊涂！脚那么小，多么好看，小脚尖上镶上颗小珠子，多么好看！"大家似乎真动了感情，我只好安慰她们：

"别忙，等我说完！她们不是不裹脚了吗，可是都穿上高底鞋，脚尖在这儿，"我指了指鼻尖，"脚踵在这儿，"我指了头顶，"把身量能加高五寸。好看哪，而且把脚骨窝折了呢，而且有时候还得扶着墙走呢，而且设若折了一个底儿还一高一低的蹦呢！"大家都满意了，可是越对地球上的女子满意，对她们自己越觉得失望，大家都轻轻的把脚藏在腿底下去了。

我等着她们问我些别的问题。哼，大家似乎被高底鞋给迷住了：

"鞋底有多么高，你说？"一个问。

"鞋上面有花，对不对？"又一个问。

"走起路来咯噔咯噔的响？"又一个问。

"脚骨怎么折？是穿上鞋自然的折了呢，还是先弯折了脚骨再穿鞋？"又一个问。

"皮子作的？人皮行不行？"又一个问。

"绣花？什么花？什么颜色？"又一个问。

我要是会制革和作鞋，当时便能发了财，我看出来。

我正要告诉她们，我们的女子除了穿高底鞋还会作事，学者们来到了。

"迷，"小蝎说，"去预备迷叶汁。"又向花们说，"你们到别处去讨论高底鞋吧。"

来了八位学者，进门向小蝎行了个礼便坐在地上，都扬着脸向上看，连捎我一眼都不屑于。

迷把迷叶汁拿来，大家都慢慢的喝了一大气，闭上眼，好似更不屑于看我了。

他们不看我，正好；我正好细细的看他们。八位学者都极瘦,极脏,连脑勺上的小耳朵都装着两兜儿尘土,嘴角上堆着两堆唾沫,举动极慢,比大蝎的动作还要更阴险稳慢着好多倍。

迷叶的力量似乎达到生命的根源,大家都睁开眼,又向上看着。忽然一位说了话:

"猫国的学者是不是属我第一?"他的眼睛向四外一瞭,捎带着瞭了我一下。

其余的七位被这一句话引得都活动起来,有的搔头,有的咬牙,有的把手指放在嘴里,然后一齐说:

"你第一?连你爸爸算在一块,不,连你祖父算在一块,全是混蛋!"

我以为这是快要打起来了。谁知道,自居第一学者的那位反倒笑了,大概是挨骂挨惯了。

"我的祖父,我的父亲,我自己,三辈子全研究天文,全研究天文,你们什么东西!外国人研究天文用许多器具,镜子,我们世代相传讲究只用肉眼,这还不算本事;我们讲究看得出天文与人生祸福的关系,外国人能懂得这个吗?昨天我夜观天象,文星正在我的头上,国内学者非我其谁?"

"要是我站在文星下面,它便在我头上!"小蝎笑着说。

"大人说得极是!"天文学家不言语了。

"大人说得极是!"其余的七位也找补了一句。

半天,大家都不出声了。

"说呀!"小蝎下了命令。

有一位发言:"猫国的学者是不是属我第一?"他把眼睛向四外一瞭。"天文可算学问?谁也知道,不算!读书必须先识字,字学是唯一的学问。我研究了三十年字学了,三十年,你们谁敢不承认我是第一的学者?谁敢?"

"放你娘的臭屁!"大家一齐说。

字学家可不像天文家那么老实,抓住了一位学者,喊起来:"你说谁呢?你先还我债,那天你是不是借了我一片迷叶?还我,当时还我,不然,我要不把你的头拧下来,我不算第一学者!"

"我借你一片迷叶,就凭我这世界著名的学者,借你一片迷叶,放开我,不要脏了我的胳臂!"

"吃了人家的迷叶不认账,好吧,你等着,你等我作字学通论的时候,把你的姓除外,我以国内第一学者的地位告诉全世界,说古字中就根本没有你的姓,你等着吧!"

借吃迷叶而不认账的学者有些害怕了,向小蝎央告:

"大人,大人!赶快借给我一片迷叶,我好还他!大人知道,我是国内第一学者,但是学者是没钱的人。穷既是真的,也许我借过他一片迷叶吃,不过不十分记得。大人,我还得求你一件事,请你和老大人求求情,多给学者一些迷叶。旁人没迷叶还可以,我们作学者的,尤其我这第一学者,没有迷叶怎能作学问呢?你看,大人,我近来又研究出我们古代刑法确是有活剥皮的一说,我不久便作好一篇文章,献给老大人,求他转递给皇上,以便恢复这个有趣味,有历史根据的刑法。就这一点发现,是不是可算第一学者?字学,什么东西!只有历史是真学问!"

"历史是不是用字写的?还我一片迷叶!"字学家态度很坚决。

小蝎叫迷拿了一片迷叶给历史学家,历史学家掐了一半递给字学家,"还你,不该!"

字学家收了半片迷叶，咬着牙说："少给我半片！你等着，我不偷了你的老婆才怪！"

听到"老婆"，学者们似乎都非常的兴奋，一齐向小蝎说：

"大人，大人！我们学者为什么应当一人一个老婆，而急得甚至于想偷别人的老婆呢？我们是学者，大人，我们为全国争光，我们为子孙万代保存祖宗传留下的学问，为什么不应当每人有至少三个老婆呢？"

小蝎没言语。

"就以星体说吧，一个大星总要带着几个小星的，天体如此，人道亦然，我以第一学者的地位证明一人应该有几个老婆的；况且我那老婆的'那个'是不很好用的！"

"就以字体说吧，古时造字多是女字旁的，可见老婆应该是多数的。我以第一学者的地位证明老婆是应该不只一个的；况且……"下面的话不便写录下来。

各位学者依次以第一学者的地位证明老婆是应当多数的，而且全拿出不便写出的证据。我只能说，这群学者眼中的女子只是"那个"。

小蝎一言没发。

"大人想是疲倦了？我们，我们，我们。"

"迷，再给他们点迷叶，叫他们滚！"小蝎闭着眼说。

"谢谢大人，大人体谅！"大家一齐念道。

迷把迷叶拿来，大家乱抢了一番，一边给小蝎行礼道谢，一边互相诟骂，走了出去。

这群学者刚走出去，又进了一群青年学者。原来他们已在外边等了半天，因为怕和老年学者遇在一处，所以等了半天。新旧学者遇到一处至少要出两条人命的。

这群青年学者的样子好看多了，不瘦，不脏，而且非常的活泼。进来，先向迷行礼，然后又向我招呼，这才坐下。我心中痛快了些，觉得猫国还有希望。

小蝎在我耳旁嘀咕："这都是到过外国几年而知道一切的学者。"

迷拿来迷叶，大家很活泼的争着吃得很高兴，我的心又凉了。

吃过迷叶，大家开始谈话。他们谈什么呢？我是一字不懂！我和小蝎来往已经学得许多新字，可是我听不懂这些学者的话。我只听到一些声音：咕噜吧唧，地冬地冬，花拉夫司基……什么玩艺呢？

我有点着急，因为急于明白他们说些什么，况且他们不断的向我说，而我一点答不上，只是傻子似的点头假笑。

"外国先生的腿上穿着什么？"

"裤子。"我回答，心中有点发糊涂。

"什么作的？"一位青年学者问。

"怎么作的？"又一位问。

"穿裤子是表示什么学位呢？"又一位问。

"贵国是不是分有裤子阶级，与无裤子阶级呢？"又一位问。

我怎么回答呢？我只好装傻假笑吧。

大家没得到我回答，似乎很失望，都过来用手摸了摸我的破裤子。

看完裤子，大家又咕噜吧唧，地冬地冬，花拉夫司基……起来，我都快闷死了！

好容易大家走了,我才问小蝎,他们说的是什么。

"你问我哪?"小蝎笑着说,"我问谁去呢?他们什么也没说。"

"花拉夫司基?我记得这么一句。"我问。

"花拉夫司基?还有通通夫司基呢,你没听见吗?多了!他们只把一些外国名词联到一处讲话,别人不懂,他们自己也不懂,只是听着热闹。会这么说话的便是新式学者。我知道花拉夫司基这句话在近几天正在走运,无论什么事全是花拉夫司基,父母打小孩子,皇上吃迷叶,学者自杀,全是花拉夫司基。其实这个字当作'化学作用'讲。等你再遇见他们的时候,你只管胡说,花拉夫司基,通通夫司基,大家夫司基,他们便以为你是个学者。只要名词,不必管动词,形容字只须在夫司基下面加个'的'字。"

"看我的裤子又是什么意思呢?"我问。

"迷们问高底鞋,新学者问裤子,一样的作用。青年学者是带些女性的,讲究清洁漂亮时髦,老学者讲究直擒女人的那个,新学者讲究献媚。你等着看,过几天青年学者要不都穿上裤子才怪。"

我觉得屋中的空气太难过了,没理小蝎,我便往外走。门外花们一群女子都扶着墙,脚后跟下垫着两块砖头,练习用脚尖走路呢。

二　十

悲观者是有可取的地方的：他至少要思虑一下才会悲观，他的思想也许很不健全，他的心气也许很懦弱，但是他知道用他的脑子。因此，我更喜爱小蝎一些。对于那两群学者，我把希望放在那群新学者身上，他们也许和旧学者一样的糊涂，可是他们的外表是快乐的，活泼的，只就这一点说，我以为他们是足以补小蝎的短处的；假如小蝎能鼓起勇气，和这群青年一样的快乐活泼，我想，他必定会干出些有益于社会国家的事业。他需要几个乐观者作他的助手。我很想多见一见那群新学者，看看他们是否能帮助小蝎。

我从迷们打听到他们的住处。

去找他们，路上经过好几个学校。我没心思再去参观。我并不愿意完全听信小蝎的话，但是这几个学校也全是四面土墙围着一块空地。即使这样的学校能不像小蝎所说的那么坏，我到底不能承认这有什么可看的地方。对于街上来来往往的男女学生，我看他们一眼，眼中便湿一会儿。他们的态度，尤其是岁数大一点的，正和大蝎被七个猫人抬着走的时候一样，非常的傲慢得意，好像他们个个以活神仙自居，而丝毫没觉到他们的国家是世界上最丢脸的国家似的。办教育的人糊涂，才能有这样无知学生，我应当原谅这群青年，但是，二十岁上下的人们居然能一点看不出事来，居然能在这种地狱里非常的得意,非常的傲慢,我真不晓得他们有没有心肝。有什么可得意的呢?我几乎要抓住他们审问了;但是谁有那个闲工夫呢!

我所要找的新学者之中有一位是古物院的管理员,我想我可以因拜访他而顺手参观古物院。古物院的建筑不小,长里总有二三十间房子。门外坐着一位守门的,猫头倚在墙上,正睡得十分香甜。我探头往里看,再没有一个人影。古物院居然可以四门大开,没有人照管着,奇!况且猫人是那么爱偷东西,怪!我没敢惊动那位守门的,自己硬往里走。穿过两间空屋子,遇见了我的新朋友。他非常的快乐,干净,活泼,有礼貌,我不由的十分喜爱他。他的名字叫猫拉夫司基。我知道这决不是猫国的通行名字,一定是个外国字。我深怕他跟我说一大串带"夫司基"字尾的字,所以我开门见山的对他说明我是要参观古物,求他指导一下。我想,他决不会把古物也都"夫司基"了;他不"夫司基",我便有办法。

"请,请,往这边请。"猫拉夫司基非常的快活,客气。

我们进了一间空屋子,他说:

"这是一万年前的石器保存室,按照最新式的方法排列,请看吧。"

我向四围打量了一眼,什么也没有。"又来得邪!"我心里说。还没等发问,他向墙上指了一指,说:

"这是一万年前的一座石罐,上面刻着一种外国字,价值三百万国魂。"

噢,我看明白了,墙上原来刻着一行小字,大概那个价值三百万的石罐在那里陈列过。

"这是一万零一年的一个石斧，价值二十万国魂。这是一万零二年的一套石碗，价值一百五十万。这是……三十万。这是……四十万。"

别的不说，我真佩服他把古物的价值能记得这么烂熟。

又进了一间空屋子，他依然很客气殷勤的说：

"这是一万五千年前的书籍保存室，世界上最古的书籍，按照最新式的编列法陈列。"

他背了一套书名和价值；除了墙上有几个小黑虫，我是什么也没看见。

一气看了十间空屋子，我的忍力叫猫拉夫司基给耗干了，可是我刚要向他道谢告别，到外面吸点空气去，他把我又领到一间屋子，屋子外面站着二十多个人，手里全拿着木棍！里面确是有东西，谢天谢地，我幸而没走，十间空的，一间实的，也就算不虚此行。

"先生来得真凑巧，过两天来，可就看不见这点东西了。"猫拉夫司基十二分殷勤客气的说："这是一万二千年前的一些陶器，按照最新式的排列方法陈列。一万二千年前，我们的陶器是世界上最精美的，后来，自从八千年前吧，我们的陶业断绝了，直到如今，没有人会造。"

"为什么呢？"我问。

"呀呀夫司基。"

什么意思，呀呀夫司基？没等我问，他继续的说：

"这些陶器是世界上最值钱的东西，现在已经卖给外国，一共卖了三千万万国魂，价钱并不算高，要不是政府急于出售，大概至少可以卖到五千万万。前者我们卖了些不到一万年的石器，还卖到两千万万，这次的协定总算个失败。政府的失败还算小事，我们办事的少得一些回扣是值得注意的。我们指着什么吃饭？薪水已经几年不发了，不仗着出卖古物得些回扣，难道叫我们天天喝风？自然古物出卖的回扣是很大的，可是看管古物的全是新式的学者，我们的日常花费要比旧学者高上多少倍，我们用的东西多来自外国，我们买一件东西都够老读书的人们花许多日子的，这确是一个问题！"猫拉夫司基的永远快乐的脸居然带出些悲苦的样子。

为什么将陶业断绝？呀呀夫司基！出卖古物？学者可以得些回扣。我对于新学者的希望连半点也不能存留了。我没心再细问，我简直不屑于再与他说话了。我只觉得应当抱着那些古物痛哭一场。不必再问了，政府是以出卖古物为财政来源之一，新学者是只管拿回扣，和报告卖出的古物价值，这还有什么可问的。但是，我还是问了一句：

"假如这些东西也卖空了，大家再也拿不到回扣，又怎办呢？"

"呀呀夫司基！"

我明白了，呀呀夫司基比小蝎的"敷衍"又多着一万多分的敷衍。我恨猫拉夫司基，更恨他的呀呀夫司基。

吃惯了迷叶是不善于动气的，我居然没打猫拉夫司基两个嘴巴子。我似乎想开了，一个中国人何苦替猫人的事动气呢。我看清了：猫国的新学者只是到过外国，看了些，或是听了些，最新的排列方法。他们根本没有丝毫判断力，根本不懂哪是好，哪是坏，只凭听来的一点新排列方法来混饭吃。陶业绝断了是多么可惜的事，只值得个呀呀夫司基！出售古物是多么痛心的事，还是个呀呀夫司基！没有骨气，没有判断力，没有人格，他们只是在外国去了一遭，而后自号为学者，以便舒舒服服的呀呀夫司基！

我并没向猫拉夫司基打个招呼便跑了出来。我好像听见那些空屋子里都有些呜咽的声音，好像看见一些鬼影都掩面而泣。设若我是那些古物，假如古物是有魂灵的东西，我必定把那出卖我的和那些新学者全弄得七窍流血而亡！

到了街上，我的心平静了些。在这种黑暗社会中，把古物卖给外国未必不是古物的福气。偷盗，毁坏，是猫人最惯于作的事，与其叫他们自己把历史上宝物给毁坏了，一定不如拿到外国去保存着。不过，这只是对古物而言，而决不能拿来原谅猫拉夫司基。出卖古物自然不是他一个人的主意，但是他那点靦不为耻的态度是无可原谅的。他似乎根本不晓得什么叫作耻辱。历史的骄傲，据我看，是人类最难消灭的一点根性。可是猫国青年们竟自会丝毫不动感情的断送自家历史上的宝贝，况且猫拉夫司基还是个学者，学者这样，不识字的人们该当怎样呢。我对猫国复兴的希望算是连根烂的一点也没有了。努力过度有时候也足以使个人或国家死亡，但是我不能不钦佩因努力而吐血身亡的。猫拉夫司基们只懂得呀呀夫司基，无望！

无心再去会别个新学者了。也不愿再看别的文化机关。多见一个人多减去我对"理想的人"的一分希望，多看一个机关多使我落几点泪，何苦呢！小蝎是可佩服的，他不领着我来看，也不事先给我说明，他先叫我自己看，这是有言外之意的。

路过一个图书馆，我不想进去看，恐怕又中了空城计。从里边走出一群学生来，当然是阅书的了，又引起我的参观欲。图书馆的建筑很不错，虽然看着像年久失修的样子，可是并没有塌倒的地方。

一进大门，墙上有几个好似刚写好的白字："图书馆革命。"图书馆向谁革命呢？我是个不十分聪明的人，不能立刻猜透。往里走了两步，只顾看墙上的字，冷不防我的腿被人抱住了，"救命！"地上有人喊了一声。

地上躺着十来个人呢，抱住我的腿的那位是，我认出来，新学者之一。他们的手脚都捆着呢。我把他们全放开，大家全像放生的鱼一气儿跑出多远去，只剩下那位新学者。

"怎么回事？"我问。

"又革命了！这回是图书馆革命！"他很惊惶的说。

"图书馆革了谁的命？"

"人家革了图书馆的命！先生请看，"他指了指他的腿部。

噢，他原来穿上了一条短裤子。但是穿上裤子与图书馆革命有什么关系呢？

"先生不是穿裤子吗？我们几个学者是以介绍外国学问道德风俗为职志的，所以我们也开始穿裤子。"他说："这是一种革命事业。"

"革命事业没有这么容易的！"我心里说。

"我穿上裤子，可糟了，隔壁的大学学生见我这革命行为，全找了我来，叫我给他们每人一条裤子。我是图书馆馆长，我卖出去的书向来是要分给学生们一点钱的，因为学生很有些位信仰'大家夫司基主义'的。我不能不卖书，不卖书便没法活着，卖书不能不分给他们一点钱，大家夫司基的信仰者是很会杀人的。可是，大家夫司基惯了，今天他们看见我穿上裤子，也要大家夫司基，我哪有钱给大家都作裤子，于是他们反革命起来；我穿裤子是革命事业，他们穿不上裤子又来革我的命，于是把我们全绑起来，把我那一点积蓄全抢了去！"

"他们倒没抢图书？"我不大关心个人的得失，我要看的是图书馆。

"不能抢去什么，图书在十五年前就卖完了，我们现在专作整理的工作。"

"没书还整理什么呢？"

"整理房屋，预备革命一下，把图书室改成一座旅馆，名称上还叫图书馆，实际上可以租出去收点租，本来此地已经驻过许多次兵，别人住自然比兵们要规矩一点的。"

我真佩服了猫人，因为佩服他们，我不敢再往下听了；恐怕由佩服而改为骂街了。

二十一

夜间又下了大雨。猫城的雨似乎没有诗意的刺动力。任凭我怎样的镇定,也摆脱不开一种焦躁不安之感。墙倒屋塌的声音一阵接着一阵,全城好像遇风的海船,没有一处,没有一刻,不在颤战惊恐中。毁灭才是容易的事呢,我想,只要多下几天大雨就够了。我决不是希望这不人道的事实现,我是替猫人们难过,着急。他们都是为什么活着呢?他们到底是怎么活着呢?我还是弄不清楚;我只觉得他们的历史上有些极荒唐的错误,现在的人们正在为历史的罪过受惩罚,假如这不是个过于空洞与玄幻的想法。

"大家夫司基",我又想起这个字来,反正是睡不着,便醒着作梦玩玩吧。不管这个字,正如旁的许多外国字,有什么意思,反正猫人是受了字的害处不浅,我想。

学生们有许多信仰大家夫司基的,我又想起这句话。我要打算明白猫国的一切,我非先明白一些政治情形不可了。我从地球上各国的历史上看清楚:学生永远是政治思想的发酵力;学生,只有学生的心感是最敏锐的;可是,也只有学生的热烈是最浮浅的,假如心感的敏锐只限于接收几个新奇的字眼。假如猫学生真是这样,我只好对猫国的将来闭上眼!只责备学生,我知道,是不公平的,但是我不能不因期望他们而显出责备他们的意思。我必须看看政治了。差不多我一夜没能睡好，因为急于起去找小蝎，他虽然说他不懂政治，但是他必定能告诉我一些历史上的事实；没有这些事实我是无从明白目前的状况的，因为我在此地的日子太浅。

我起来的很早，为是捉住小蝎。

"告诉我，什么是大家夫司基？"我好像中了迷。

"那便是人人为人人活着的一种政治主义。"小蝎吃着迷叶说。"在这种政治主义之下，人人工作，人人快活，人人安全，社会是个大机器，人人是这个大机器的一个工作者，快乐的安全的工作着的小钉子或小齿轮。的确不坏！"

"火星上有施行这样主义的国家？"

"有的是，行过二百多年了。"

"贵国呢？"

小蝎翻了翻白眼，我的心跳起来了。待了好大半天，他说："我们也闹过，闹过，记清楚了；我们向来不'实行'任何主义。"

"为什么'闹过'呢？"

"假如你家中的小孩子淘气，你打了他几下，被我知道了，我便也打我的小孩子一顿，不是因他淘气，是因为你打了孩子所以我也得去打；这对于家务便叫作闹过，对政治也是如此。"

"你似乎是说，你们永远不自己对自己的事想自己的办法，而是永远听见风便是雨的随着别人的意见闹？你们永远不自己盖房子，打个比喻说，而是老租房子住？"

"或者应当说，本来无须穿裤子，而一定要穿，因为看见别人穿着，然后，不自己按着腿的尺寸去裁缝，而只去买条旧裤子。"

"告诉我些个过去的事实吧！"我说，"就是闹过的也好，闹过的也至少引起些变动，是不是？"

"变动可不就是改善与进步。"

小蝎这家伙确是厉害！我微笑了笑，等着他说。他思索了半天：

"从哪里说起呢?！火星上一共有二十多国，一国有一国的政治特色与改革。我们偶尔有个人听说某国政治的特色是怎样，于是大家闹起来。又忽然听到某国政治上有了改革，大家又急忙闹起来。结果，人家的特色还是人家的，人家的改革是真改革了，我们还是我们；假如你一定要知道我们的特色，越闹越糟便是我们的特色。"

"还是告诉我点事实吧，哪怕极没系统呢。"我要求他。

"先说哄吧。"

"哄？什么东西？"

"这和裤子一样的不是我们原有的东西。我不知道你们地球上可有这种东西，不，不是东西，是种政治团体组织——大家联合到一块拥护某种政治主张与政策。"

"有的，我们的名字是政党。"

"好吧，政党也罢，别的名字也罢，反正到了我们这里改称为哄。你看，我们自古以来总是皇上管着大家的，人民是不得出声的。忽然由外国来了一种消息，说：人民也可以管政事；于是大家怎想怎不能逃出这个结论——这不是起哄吗？再说，我们自古以来是拿洁身自好作道德标准的，忽然听说许多人可以组成个党，或是会，于是大家怎翻古书怎找不到个适当的字；只有哄字还有点意思：大家到一处为什么？为是哄。于是我们便开始哄。我告诉过你，我不懂政治；自从哄起来以后，政治——假如你能承认哄也算政治——的变动可多了，我不能详细的说；我只能告诉你些事实，而且是粗枝大叶的。"

"说吧，粗枝大叶的说便好。"我唯恐他不往下说了。

"第一次的政治的改革大概是要求皇上允许人民参政，皇上自然是不肯了，于是参政哄的人们联合了许多军人加入这个运动，皇上一看风头不顺，就把参政哄的重要人物封了官。哄人作了官自然就要专心作官了，把哄的事务忘得一干二净。恰巧又有些人听说皇上是根本可以不要的，于是大家又起哄，非赶跑皇上不可。这个哄叫作民政哄。皇上也看出来了，打算寻个心静，非用以哄攻哄的办法不可了，于是他自己也组织了一个哄，哄员每月由皇上手里领一千国魂。民政哄的人们一看红了眼，立刻屁滚尿流的向皇上投诚，而皇上只允许给他们每月一百国魂。几乎破裂了，要不是皇上最后给添到一百零三个国魂。这些人们能每月白拿钱，引起别人的注意，于是一人一哄，两人一哄，十人一哄，哄的名字可就多多了。"

"原谅我问一句，这些哄里有真正的平民在内没有？"

"我正要告诉你。平民怎能在内呢，他们没受过教育，没知识，没脑子，他们干等着受骗，什么办法也没有。不论哪一哄起来的时候，都是一口一个为国为民。得了官作呢，便由皇上给钱，皇上的钱自然出自人民身上。得不到官作呢，拼命的哄，先是骗人民供给钱，及至人民不受骗了，便联合军人去给人民上脑箍。哄越多人民越苦，国家越穷。"

我又插了嘴："难道哄里就没有好人？就没有一个真是为国为民的？"

"当然有！可是你要知道，好人也得吃饭，革命也还要恋爱。吃饭和恋爱必需钱，于是由革命改为设法得钱，得到钱，有了饭吃，有了老婆，只好给钱作奴隶，永远不得翻身，革命，政治，国家，人民，抛到九霄云外。"

"那么，有职业，有饭吃的人全不作政治运动？"我问。

"平民不能革命，因为不懂，什么也不懂。有钱的人，即使很有知识，不能革命，因为不敢；他只要一动，皇上或军人或哄员便没收他的财产。他老实的忍着呢，或是捐个小官呢，还能保存得住一些财产，虽然不能全部的落住；他要是一动，连根烂。只有到过外国的，学校读书的，流氓，地痞，识几个字的军人，才能干政治，因为他们进有所得，退无一失，哄便有饭吃，不哄便没有饭吃，所以革命在敝国成了一种职业。因此，哄了这么些年，结果只有两个显明的现象：第一，政治只有变动，没有改革。这样，民主思想越发达，民众越贫苦。第二，政哄越多，青年们越浮浅。大家都看政治，不管学识，即使有救国的真心，而且拿到政权，也是事到临头白瞪眼！没有应付的能力与知识。这么一来，老人们可得了意，老人们一样没有知识，可是处世的坏主意比青年们多得多。青年们既没真知识，而想运用政治，他们非求老人们给出坏主意不可，所以革命自管革命，真正掌权的还是那群老狐狸。青年自己既空洞，而老人们的主意又极奸狡，于是大家以为政治便是人与人间的敷衍，敷衍得好便万事如意，敷衍得不好便要塌台。所以现在学校的学生不要读书，只要多记几个新字眼，多学一点坏主意，便自许为政治的天才。"

我容小蝎休息了一会儿："还没说大家夫司基呢？"

"哄越多人民越穷,因为大家只管哄,而没管经济的问题。末后,来了大家夫司基——是由人民做起,是由经济的问题上做起。革命了若干年,皇上始终没倒,什么哄上来,皇上便宣言他完全相信这一哄的主张,而且愿作这一哄的领袖;暗中递过点钱去,也就真做了这一哄的领袖,所以有位诗人曾赞扬我们的皇上为'万哄之主'。只有大家夫司基来到,居然杀了一位皇上。皇上被杀,政权真的由哄——大家夫司基哄——操持了;杀人不少,因为这一哄是要根本铲除了别人,只留下真正农民与工人。杀人自然算不了怪事,猫国向来是随便杀人的。假如把不相干的人都杀了,而真的只留下农民与工人,也未必不是个办法。不过,猫人到底是猫人,他们杀人的时候偏要弄出些花样,给钱的不杀,有人代为求情的不杀,于是该杀的没杀,不该杀的倒丧了命。该杀的没杀,他们便混进哄中去出坏主意,结果是天天杀人,而一点没伸明了正义。还有呢,大家夫司基主义是给人人以适当的工作,而享受着同等的酬报。这样主义的施行,第一是要改造经济制度,第二是由教育培养人人为人人活着的信仰。可是我们的大家夫司基哄的哄员根本不懂经济问题,更不知道怎么创设一种新教育。人是杀了,大家白瞪了眼。他们打算由农民与工人作起,可是他们一点不懂什么是农,哪叫作工。给地亩平均分了一次,大家拿过去种了点迷树;在迷树长成之前,大家只好饿着。工人呢,甘心愿意工作,可是没有工可作。还得杀人,大家以为杀剩了少数的人,事情就好办了;这就好像是说,皮肤上发痒,把皮剥了去便好了。这便是大家夫司基的经过;正如别种由外国来的政治主义,在别国是对病下药的良策,到我们这里便变成自己找罪受。我们自己永远不思想，永远不看问题，所以我们只受革命应有的灾害，而一点得不到好处。人家革命是为施行一种新主张，新计划；我们革命只是为哄，因为根本没有知识；因为没有知识，所以必须由对事改为对人；因为是对人，所以大家都忘了作革命事业应有的高尚人格，而只是大家彼此攻击和施用最卑劣的手段。因此，大家夫司基了几年，除了杀人，只是大家瞪眼；结果，大家夫司基哄的首领又作了皇上。由大家夫司基而皇上，显着多么接不上碴，多么像个恶梦！可是在我们看，这不足为奇，人家本来不懂什么是政治，大家夫司基没有走通，也只好请出皇上；有皇上到底是省得大家分心。到如今，我们还有皇上，皇上还是'万哄之主'，大家夫司基也在这万哄之内。"

小蝎落了泪！

二十二

即使小蝎说的都正确,那到底不是个建设的批评;太悲观有什么好处呢。自然我是来自太平快乐的中国,所以我总以为猫国还有希望;没病的人是不易了解病夫之所以那样悲观的。不过,希望是人类应有的——简直的可以说是人类应有的一种义务。没有希望是自弃的表示,希望是努力的母亲。我不信猫人们如果把猫力量集合在一处,而会产不出任何成绩的。有许多许多原因限制着猫国的发展,阻碍着政治入正轨,据我看到的听到的,我深知他们的难处不少,但是猫人到底是人,人是能胜过一切困难的动物。

我决定去找大蝎,请他给介绍几个政治家;假如我能见到几位头脑清楚的人,我也许得到一些比小蝎的议论与批评更切实更有益处的意见。我本应当先去看民众,但是他们那样的怕外国人,我差不多想不出方法与他们接近。没有懂事的人民,政治自然不易清明;可是反过来说,有这样的人民,政治的运用是更容易一些,假如有真正的政治家肯为国为民的去干。我还是先去找我的理想的英雄吧,虽然我是向来不喜捧英雄的脚的。

恰巧赶上大蝎请客,有我;他既是重要人物之一,请的客人自然一定有政治家了,这是我的好机会。我有些日子不到街的这边来了。街上依然是那么热闹,有蚂蚁的忙乱而没有蚂蚁的勤苦。我不知道这个破城有什么吸引力，使人们这样贪恋它；也许是，我继而一想，农村已然完全崩溃，城里至少总比乡下好。

只有一样比从前好了，街上已不那么臭了；因为近来时常下雨，老天替他们作了清洁运动。

大蝎没在家，虽然我是按着约定的时间来到的。招待我的是前者在迷林给我送饭的那个人，多少总算熟人，所以他告诉了我："要是约定正午呀，你就晚上来；要是晚上，就天亮来；有时过两天来也行；这是我们的规矩。"我很感谢他的指导，并且和他打听请的客都是什么人，我心中计划着：设若客人们中没有我所希望见的，我便不再来了。"客人都是重要人物，"他说，"不然也不能请上外国人。"好了，我一定得回来，但是上哪里消磨这几点钟的时光呢？忽然我想起个主意：袋中还有几个国魂，掏出来赠给我的旧仆人。自然其余的事就好办了。我就在屋顶上等着，和他讨教一些事情。猫人的嘴是以国魂作钥匙的。

城里这么些人都拿什么作生计呢？这是我的第一个问题。

"这些人？"他指着街上那个人海说："都什么也不干。"

来得邪，我心里说；然后问他："那么怎样吃饭呢？"

"不吃饭，吃迷叶。"

"迷叶从哪儿来呢？"

"一人作官，众人吃迷叶。这些人全是官们的亲戚朋友。作大官的种迷叶，卖迷叶，还留些迷叶分给亲戚朋友。作小官的买迷叶，自己吃，也分给亲戚朋友吃。不作官的呢，等着迷叶。"

"作官的自然是很多了?"我问。

"除了闲着的都是作官的。我,我也是官。"他微微的笑了笑。这一笑也许是对我轻视他——我揭过他一小块头皮——的一种报复。

"作官的都有钱?"

"有。皇上给的。"

"大家不种地,不作工,没有出产,皇上怎么能有钱呢?"

"卖宝物,卖土地,你们外国人爱买我们的宝物与土地,不愁没有钱来。"

是的,古物院,图书馆……前后合上碴了。

"你,拿你自己说,不以为卖宝物,卖土地,是不好的事?"

"反正有钱来就好。"

"合算着你们根本没有什么经济问题?"

这个问题似乎太深了一些,他半天才回答出:"当年闹过经济问题,现在已没人再谈那个了。"

"当年大家也种地,也工作,是不是?"

"对了。现在乡下已差不多空了,城里的人要买东西,有外国人卖,用不着我们种地与作工,所以大家全闲着。"

"那么,为什么还有人作官?作官总不能闲着呀?作官与不作官总有迷叶吃,何苦去受累作官呢?"

"作官多来钱,除了吃迷叶,还可以多买外国的东西,多讨几个老婆。不作官的不过只分些迷叶吃罢了。再说,作官并不累,官多事少,想作事也没事可作。"

"请问,那死去的公使太太怎么能不吃迷叶呢,既是没有别的东西可吃?"

"要吃饭也行啊,不过是贵得很,肉,菜,全得买外国的。在迷林的时候,你非吃饭不可,那真花了我们主人不少的钱。公使太太是个怪女人,她要是吃迷叶,自有人供给她;吃饭,没人供给得起;她只好带着那八个小妖精去掘野草野菜吃。"

"肉呢?"

"肉可没地方去找,除非有钱买外国的。在人们还一半吃饭,一半吃迷叶的时候——这是多少年前的事了——人们已把一切动物吃尽,飞的走的一概不留;现在你可看见过一个飞禽或走兽?"

我想了半天,确是没见过动物:"啊,白尾鹰,我见过!"

"是的,只剩下它们了,因为它们的肉有毒,不然,也早绝种了。"

你们这群东西也快……我心里说。我不必往下问了。蚂蚁蜜蜂是有需要的,可是并没有经济问题。虽然它们没有问题,可是大家本能的操作,这比猫人强的多。猫人已无政治经济可言,可是还免不了纷争捣乱,我不知道哪位上帝造了这么群劣货,既没有蜂蚁那样的本能,又没有人类的智慧,造他们的上帝大概是有意开玩笑。有学校而没教育,有政客而没政治,有人而没人格,有脸而没羞耻,这个玩笑未免开得太过了。

但是,无论怎说,我非看看那些要人不可了。我算是给猫人想不出高明主意来了,看他们的要人有方法没有吧。问题看着好似极简单:把迷叶平均的分一分,成为一种迷叶大家夫司基主义,也就行了。但这正是走入绝地的方法。他们必须往回走,禁止迷叶,恢复农工,然后才能避免同归于尽。但是,谁能担得起这个重任?他们非由蚊虫苍蝇的生活法改为人的不可——这一跳要费多大力气,要有多大的毅力与决心!我几乎与小蝎一样的悲观了。

大蝎回来了。他比在迷林的时候瘦了许多,可是更显着阴险狡诈。对他,我是毫不客气的,见面就问:"为什么请客呢?"

"没事,没事,大家谈一谈。"

这一定是有事,我看出来。我要问他的问题很多,可是我不知道怎么这样的讨厌他,见了他我得少说一句便少说一句了。

客人继续的来了。这些人是我向来没看见过的。他们和普通的猫人一点也不同了。一见着我,全说:老朋友,老朋友。我不客气的声明,我是从地球上来的,这自然是表示"老朋友"的不适当;可是他们似乎把言语中的苦味当作甜的,依然是:老朋友,老朋友。

来了十几位客人。我的运气不错,他们全是政客。

十几位中,据我的观察,可以分为三派:第一派是大蝎派,把"老朋友"说得极自然,可是稍微带着点不得不这么说的神气;这派都是年纪大些的,我想起小蝎所说的老狐狸。第二派的人年岁小一些,对外国人特别亲热有礼貌,脸上老是笑着,而笑得那么空洞,一看便看出他们的骄傲全在刚学会了老狐狸的一些坏招数,而还没能成精作怪。第三派的岁数最小,把"老朋友"说得极不自然,好像还有点羞涩的样子。大蝎特别的介绍这第三派:"这几位老朋友是刚从那边过来的。"我不大明白他的意思。可是不好意思细问。过了一会儿，我醒悟过来，所谓"那边"者是学校，这几位必定是刚入政界的新手。我倒要看看这几位刚由那边来的怎样和这些老狐狸打交道。

赴宴，这是，对我头一遭。客人到齐，先吃迷叶，这是我预想得到的。迷叶吃过，我预备好看新花样了。果然来了。大蝎发了话："为欢迎新由那边过来的朋友，今天须由他们点选妓女。"

刚从那边过来的几位，又是笑，又是挤眼，又是羞涩，又是骄傲，都嘟囔着大家夫司基，大家夫司基。我的心好似我的爱人要死那么痛。这就是他们的大家夫司基！在那边的时候是一嘴的新主张与夫司基，刚到，刚到这边便大家夫司基妓女！完了，什么也不说了，我只好看着吧！

妓女到了，大家重新又吃迷叶。吃过迷叶，青年的政客脸上在灰毛下都透过来一些粉红色，偷眼看着大蝎。大蝎笑了。"诸位随便吧，"他说，"请，随便，不客气。"他们携着妓女的手都走到下层去，不用说，大蝎已经给他们预备好行乐的地方。

他们下去，大蝎向老年中年的政客笑了笑。他说："好了，他们不在眼前，我们该谈正经事了。"

我算是猜对了，请客一定是有事。

"诸位都已经听说了?"大蝎问。

老年的人没有任何表示，眼睛好像省察着自己的内心。中年的有一位刚要点头，一看别人，赶快改为扬头看天。

我哈哈的笑起来。

大家更严重了，可是严重的笑起来，意思是陪着我笑

——我是外国人。

待了好久,到底还是一位中年的说:"听见了一点,不知道,绝对不知道,是否可靠。"

"可靠!我的兵已败下来了!"大蝎确是显着关切,或者因为是他自己的兵败下来了。

大家又不出声了。呆了许久,大家连出气都缓着劲,好像唯恐伤了鼻须。

"诸位,还是点几个妓女陪陪吧?"大蝎提议。

大家全活过来了:"好的,好的!没女人没良策,请!"

又来了一群妓女,大家非常的快活。

太阳快落了,谁也始终没提一个关于政治的事。

"谢谢,谢谢,明天再会!"大家全携着妓女走去。

那几位青年也由下面爬上来,脸色已不微红,而稍带着灰绿。他们连声"谢谢"也没说,只嘟囔着大家夫司基。

我想:他们必是发生了内战,大蝎的兵败了,请求大家帮忙,而他们不愿管。假如我猜的不错,没人帮助大蝎也未必不是件好事。可是大蝎的神气很透着急切,我临走问了他一句:"你的兵怎么败下来了?"

"外国打进来了!"

二十三

太阳还没完全落下去,街上已经连个鬼也没有了。可是墙上已写好了大白字:"彻底抵抗!""救国便是救自己!""打倒吞并夫司基!"……我的头晕得像个转欢了的黄牛!

在这活的死城里,我觉得空气非常的稀少,虽然路上只有我一个人。"外国打进来了!"还在我的耳中响着,好似报死的哀钟。为什么呢?不晓得。大蝎显然是吓昏了,不然他为什么不对我详细的说呢。可是,吓昏了还没忘记了应酬,还没忘记了召妓女,这便不是我所能了解的了。至于那一群政客,外国打进来,而能高兴的玩妓女,对国事一字不提,更使我没法明白猫人的心到底是怎样长着的了。

我只好去找小蝎,他是唯一的明白人,虽然我不喜欢他那悲观的态度!可是,我能还怨他悲观吗,在看见这些政客以后?

太阳已落了,一片极美的明霞在余光里染红了半天。下面一线薄雾,映出地上的惨寂,更显出天上的光荣。微风吹着我的胸与背,连声犬吠也听不到,原始的世界大概也比这里热闹一些吧,虽然这是座大城!我的眼泪整串的往下流了。到了小蝎的住处。进到我的屋中,在黑影中坐着一个人,虽然我看不清他是谁,但是我看得出他不是小蝎,他的身量比小蝎高着许多。

"谁?"他高声的问了声。由他的声音我断定了,他不是个平常的猫人,平常的猫人就没有敢这样理直气壮的发问的。

"我是地球上来的那个人。"我回答。

"噢,地球先生,坐下!"他的口气有点命令式的,可是爽直使人不至于难堪。

"你是谁?"我也不客气的问,坐在他的旁边。因为离他很近,我可以看出他不但身量高,而且是很宽。脸上的毛特别的长,似乎把耳鼻口等都遮住,只在这团毛中露着两个极亮的眼睛,像鸟巢里的两个发亮的卵。

"我是大鹰,"他说:"人们叫我大鹰,并不是我的真名字。大鹰?因为人们怕我,所以送给我这个名号。好人,在我们的国内,是可怕的,可恶的,因此——大鹰!"

我看了看天上,黑上来了,只有一片红云,像朵孤独的大花,恰好在大鹰的头上。我呆了,想不起问什么好,只看着那朵孤云,心中想着刚才那片光荣的晚霞。

"白天我不敢出来,所以我晚上来找小蝎。"他自动的说。

"为什么白天不?"我似乎只听见那前半句,就这么重了一下。

"没有一个人,除了小蝎,不是我的敌人,我为什么白天出来找不自在呢?我并不住在城里,我住在山上,昨天走了一夜,今天藏了一天,现在才到了城里。你有吃食没有?已经饿了一整天。"

"我只有迷叶。"

"不,饿死也好,迷叶是不能动的!"他说。

有骨气的猫人,这是在我经验中的第一位。我喊迷,想叫她设法。迷在家呢,但是不肯过来。

"不必了,她们女人也全怕我。饿一两天不算什么,死已在目前,还怕饿?"

"外国打进来了?"我想起这句话。

"是的,所以我来找小蝎。"他的眼更亮了。

"小蝎太悲观,太浪漫。"我本不应当这样批评我的好友,可是爽直可以掩过我的罪过。

"因他聪明,所以悲观。第二样,太什么?不懂你的意思。不论怎么着吧,设若我要找个与我一同死去的,我只能找他。悲观人是怕活着,不怕去死。我们的人民全很快乐的活着,饿成两张皮也还快乐,因为他们天生来的不会悲观,或者说天生来的没有脑子。只有小蝎会悲观,所以他是第二个好人,假如我是第一个。"

"你也悲观?"我虽然以为他太骄傲,可是我不敢怀疑他的智慧。

"我?不!因为不悲观,所以大家怕我恨我;假如能和小蝎学,我还不至被赶入山里去。小蝎与我的差别只在这一点上。他厌恶这些没脑子没人格的人,可是不敢十分得罪他们。我不厌恶他们,而想把他们的脑子打明白过来,叫他们知道他们还不大像人,所以得罪了他们。真遇到大危险了,小蝎是与我一样不怕死的。"

"你先前也是作政治的?"我问。

"是。先从我个人的行为说起:我反对吃迷叶,反对玩妓女,反对多娶老婆。我也劝人不吃迷叶,不玩妓女,不多娶老婆。这样,新人旧人全叫我得罪尽了。你要知道,地球先生，凡是一个愿自己多受些苦，或求些学问的，在我们的人民看，便是假冒为善。我自己走路，不叫七个人抬着我走，好，他们决不看你的甘心受苦，更不要说和你学一学，他们会很巧妙的给你加上'假冒为善'！作政客的口口声声是经济这个，政治那个；作学生的是口口声声这个主义，那个夫司基；及至你一考问他们，他们全白瞪眼；及至你自己真用心去研究，得，假冒为善。平民呢，你要给他一个国魂，他笑一笑；你要说，少吃迷叶，他瞪你一眼，说你假冒为善。上自皇上，下至平民，都承认作坏事是人生大道，作好事与受苦是假冒为善，所以人人想杀了我，以除去他们所谓的假冒为善。在政治上，我以为无论哪个政治主张，必须由经济问题入手，无论哪种政治改革，必须具有改革的真诚。可是我们的政治家就没有一个懂得经济问题的，就没有一个真诚的，他们始终以政治为一种把戏，你要我一下，我挤你一下。于是人人谈政治，而始终没有政治，人人谈经济，而农工已完全破产。在这种情形之下，有一个人，像我自己，打算以知识及人格为作政治的基础——假冒为善！不加我以假冒为善的罪状，他们便须承认他们自己不对，承认自己不对是建设的批评，没人懂。在许多年前，政治的颓败是经济制度不良的结果；现在，已无经济问题可言，打算恢复猫国的尊荣，应以人格为主；可是，人格一旦失去，想再恢复，比使死人复活的希望一样的微小。在最近的几十年中，我们的政治变动太多了，变动一次，人格的价值低落一次，坏的必得胜，所以现在都希望得最后的胜利，那就是说，看谁最坏。我来谈人格，这个字刚一出口便招人吐我一脸唾沫。主义在外国全是好的，到了我们手里全变成坏的，无知与无人格使天粮变成迷叶！可是，我还是不悲观，我的良心比我，比太阳，比一切，都大！我不自杀，我不怕反对，遇上有我能尽力的地方，我还是干一下。明知无益，可是我的良心，刚才说过，比我的生命大得多。"

大鹰不言语了，我只听着他的粗声喘气。我不是英雄崇拜者，可是我不能不钦佩他；他是个被万人唾骂的，这样的人不是立在浮浅的崇拜心理上的英雄，而是个替一切猫人雪耻的牺牲者，他是个教主。

小蝎回来了。他向来没这么晚回来过，这一定是有特别的事故。

"我来了！"大鹰立起来，扑过小蝎去。

"来得好！"小蝎抱住大鹰。二人痛哭起来。

我知道事情是极严重了，虽然我不明白其中的底细。

"但是，"小蝎说，他似乎知道大鹰已经明白一切，所以从半中腰里说起："你来并没有多少用处。"

"我知道，不但没用，反有碍于你的工作，但是我不能不来；死的机会到了。"大鹰说。两个人都坐下了。

"你怎么死？"小蝎问。

"死在战场的虚荣，我只好让给你。我愿不光荣的死，可是死得并非全无作用。你已有了多少人？"

"不多。父亲的兵，没打全退下来了。别人的兵也预备退，只有大蝇的人或者可以听我调遣；可是，他们如果听到你在这里。这'或者'便无望了。"

"我知道，"大鹰极镇静的说："你能不能把你父亲的兵拿过来？"

"没有多少希望。"

"假如你杀一两个军官,示威一下呢?"

"我父亲的军权并没交给我。"

"假如你造些谣,说:我有许多兵,而不受你的调遣——"

"那可以,虽然你没有一个兵,可是我说你有十万人,也有人相信。还怎样?"

"杀了我,把我的头悬在街上,给不受你调遣的兵将下个警告,怎样?"

"方法不错,只是我还得造谣,说我父亲已经把军权让给我。"

"也只好造谣,敌人已经快到了,能多得一个兵便多得一个。好吧,朋友,我去自尽吧,省得你不好下手杀我。"大鹰抱住了小蝎,可是谁也没哭。

"等等!"我的声音已经岔了。"等等!你们二位这样作,究竟有什么好处呢?"

"没有好处。"大鹰还是非常镇静,"一点好处也没有。敌人的兵多,器械好,出我们全国的力量也未必战胜。可是,万一我们俩的工作有些影响呢,也许就是猫国的一大转机。敌人是已经料到,我们决不敢,也不肯,抵抗;我们俩,假如没有别的好处,至少给敌人这种轻视我们一些惩戒。假如没人响应我们呢,那就很简单了:猫国该亡,我们俩该死,无所谓牺牲,无所谓光荣,活着没作亡国的事,死了免作亡国奴,良心是大于生命的,如是而已。再见,地球先生。"

"大鹰,"小蝎叫住他,"四十片迷叶可以死得舒服些。"

"也好,"大鹰笑了,"活着为不吃迷叶,被人指为假冒为善；死时为吃迷叶，好为人们证实我是假冒为善，生命是多么曲折的东西！好吧，叫迷拿迷叶来。我也不用到外边去了，你们看着我断气吧。死时有朋友在面前到底觉得多些人味。"

迷把迷叶拿来，转身就走了。

大鹰一片一片的嚼食，似乎不愿再说什么。

"你的儿子呢？"小蝎问，问完似乎又后悔了，"噢，我不应当问这个！"

"没关系，"大鹰低声的说："国家将亡，还顾得儿子！"他继续的吃，渐渐的嚼得很慢了，大概嘴已麻木过去。

"我要睡了，"他极慢的说。说完倒在地上。

待了半天，我摸了摸他的手，还很温软。他极低微的说了声："谢谢！"这是他的末一句话。虽然一直到夜半他还未曾断气，可是没再发一语。

二十四

大鹰的死——我不愿用"牺牲",因为他自己不以英雄自居——对他所希望的作用是否实现,和,假如实现,到了什么程度,一时还不能知道。我所知道的是:他的头确是悬挂起来,"看头去"成为猫城中一时最流行的三个字。我没肯看那人头,可是细心的看了看参观人头的大众。小蝎已不易见到,他忙得连迷也不顾得招呼了,我只好到街上去看看。城中依然很热闹,不,我应当说更热闹:有大鹰的头可以看,这总比大家争看地上的一粒石子更有趣了。在我到了悬人头之处以前,听说,已经挤死了三位老人两个女子。猫人的为满足视官而牺牲是很可佩服的。看的人们并不批评与讨论,除了拥挤与互骂似乎别无作用。没有人问:这是谁?为什么死?没有。我只听见些,脸上的毛很长。眼睛闭上了。只有头,没身子,可惜!

设若大鹰的死只惹起这么几句评断,他无论怎说是死对了;和这么群人一同活着有什么味儿呢。

离开这群人,我向皇宫走去,那里一定有些值得看的,我想。路上真难走。音乐继续不断的吹打,过了一队又一队,人们似乎看不过来了,又顾着细看人头,又舍不得音乐队,大家东撞撞西跑跑,似乎很不满意只长着两个眼睛。由他们的喊叫,我听出来,这些乐队都是结婚的迎娶前导。人太多，我只能听见吹打，看不见新娘子是坐轿，还是被七个人抬着。我也无意去看，我倒是要问问，为什么大难当头反这么急于结婚呢？没地方去问；猫人是不和外国人讲话的。回去找迷。她正在屋里哭呢，见了我似乎更委屈了，哭得已说不出话。我劝了她半天，她才住声，说：

"他走了，打战去了，怎么好！"

"他还回来呢，"我虽然是扯谎，可是也真希望小蝎回来，"我还要跟他一同去呢。他一定回来，我好和他一同走。"

"真的？"她带着泪笑了。

"真的。你跟我出去吧，省得一个人在这儿哭。"

"我没哭，"迷擦了擦眼，扑上点白粉，和我一同出来。

"为什么现在这么多结婚的呢？"我问。

假如能安慰一个女子，使她暂时不哭，是件功绩，我只好以此原谅我的自私；我几乎全没为迷设想——小蝎战死不是似乎已无疑了么——只顾满足我的好奇心。到如今我还觉得对不起她。

"每次有乱事，大家便赶快结婚，省得女的被兵丁给毁坏了。"迷说。

"可是何必还这样热闹的办呢？"我心中是专想着战争与灭亡。

"要结婚就得热闹，乱事是几天就完的，婚事是终身的。"到底还是猫人对生命的解释比我高明。她继续着说："咱们看戏去吧。"她信了我的谎话以后便忘了一切悲苦："今天外务部部长娶儿媳妇，在街上唱戏。你还没看过戏？"

我确是还没看过猫人的戏剧，可是我以为去杀了在这种境况下还要唱戏的外务部长是比看戏更有意义。虽然这么想,我到底不是去杀人的人,因此也就不妨先去看戏。近来我的辩证法已有些猫化了。

外务部长的家外站满了兵。戏已开台,可是平民们不得上前;往前一挤,头上便啪的一声挨一大棍。猫兵确是会打——打自家的人。迷是可以挤进去的,兵们自然也不敢打我,可是我不愿进前去看,因为唱和吹打的声音在远处就觉着难听,离近了还不定怎样刺耳呢。

听了半天,只听到乱喊乱响,不客气的说,我对猫戏不能欣赏。

"你们没有比这再安美雅趣一点的戏吗?"我问迷。

"我记得小时候听过外国戏,比这个雅趣。可是后来因为没人懂那种戏,就没人演唱了。外务部长他自己就是提倡外国戏的,可是后来听一个人——一个外国人——说,我们的戏顶有价值,于是他就又提倡旧戏了。"

"将来再有个人——一个外国人——告诉他,还是外国戏有价值呢?"

"那也不见得他再提倡外国戏。外国戏确是好,可是深奥。他提倡外国戏的时候未必真明白它的深妙处,所以一听人说,我们的戏好,他便立刻回过头来。他根本不明白戏剧,可是愿得个提倡戏剧的美名,那么,提倡旧戏是又容易,又能得一般人的爱戴,一举两得,为什么不这样干呢。我们有许多事是这样,新的一露头就完事,旧的因而更发达;真能明白新的是不容易的事,我们也就不多费那份精神。"

迷是受了小蝎的传染,我猜,这决不会是她自己的意见；虽然她这么说，可是随说随往前挤。我自然不便再钉问她。又看了会儿，我实在受不住了。

"咱们走吧?"我说。

迷似乎不愿走，可是并没坚执，大概因为说了那片话，不走有些不好意思。

我要到皇宫那边看看，迷也没反对。

皇宫是猫城里最大的建筑，可不是最美的。今天宫前特别的难看：墙外是兵，墙上是兵，没有一处没有兵。这还不算，墙上堆满了烂泥，墙下的沟渠填满了臭水。我不明白这烂泥臭水有什么作用，问迷。

"外国人爱干净，"迷说，"所以每逢听到外国人要打我们来，皇宫外便堆上泥，放上臭水；这样，即使敌人到了这里，也不能立刻进去，因为他们怕脏。"

我连笑都笑不上来了！

墙头上露出几个人头来。待了好大半天，他们爬上来，全骑在墙上了。迷似乎很兴奋："上谕！上谕！"

"哪儿呢?"我问。

"等着！"

等了多大工夫，腿知道；我站不住了。

又等了许久，墙上的人系下一块石头来，上面写着白字。迷的眼力好，一边看一边"哟"。

"到底什么事?"我有些着急。

"迁都！迁都！皇上搬家！坏了，坏了！他不在这里，我可怎办呢！"迷是真急了。本来，小蝎不在此地，叫她怎办呢！

我正要安慰她，墙上又下来一块石板。"快看！迷！"

"军民人等不准随意迁移，只有皇上和官员搬家。"她念给我听。

我很佩服这位皇上，只希望他走在半路上一交跌死。可是迷反倒喜欢了：

"还好，大家都不走，我就不害怕了！"

我心里说，大家怎能不走呢，官们走了，大家在此地哪里得迷叶吃呢。正这么想，墙上又下来一块上谕。迷又读给我听：

"从今以后，不许再称皇上为'万哄之主'。大难临头，全国人民应一心一德，应称皇上为'一哄之主'。"迷加了一句："不哄敢情就好了！"然后往下念："凡我军民应一致抵抗，不得因私误国！"我加上了一句："那么，皇上为什么先逃跑呢？"

我们又等了半天。墙上的人爬下去，大概是没有上谕了。迷要回去，看看小蝎回来没有。我打算去看看政府各机关，就是进不去，也许能在外边看见一些命令。我与她分手，她往东，我往西。东边还是那么热闹，娶亲的唱戏的音乐远射着刺耳的噪杂。西边很清静，虽然下了极重要的谕旨，可是没有多少人来看，好像看结婚的是天下第一件要事。

我特别注意外务部。可是衙门外没有一个人。等了半天，不见一个人出来。是的，部长家里办喜事，当然没人来办公；特别是在这外交吃紧的时节。不过，猫人有没有外交，还是个问题，虽然有这么个外务部。没人，我要不客气了，进去看看。里面真没有人。屋子也并没关着。我可以自由参观了。屋子里什么也没有，除了堆着一些大石板，石板上都刻着"抗议"。我明白了：所谓外交者一定就是无论发生了什么事便送去一块"抗议"，外交官便是抗议专家。我想找到些外国给猫人的公文；找不到。大概对猫人的"抗议"，人家是永远置之不理的。也别说，这样的外交确是简单省事。

不用再看别的衙门了，外务部既是这么简单，别的衙门里还许连块像"抗议"的石头也没有呢。

出来还往西走，衙门真多：妓女部，迷叶所，留洋部，抵制外货局，肉菜厅，孤儿公卖局……这不过是几个我以为特别有趣的名字，我看不懂的还多着呢。除了闲着便是作官，当然得多设一些衙门；我以为多，恐怕猫人还以为不够呢。

一直往西走。这是我第一次走到西头。想到外国城去看看，不，还是回去看看小蝎回来没有。我改由街的那一边往回走。没遇上多少学生，大概都看人头与听戏去了。可是，走了半天，遇见一群学生，都在地上跪着，面前摆着一大块石头，上边写着几个白字："马祖大仙之神位"。我知道，过去一问，他们准跑得一干二净；我轻轻的溜到后边，也下跪，听他们讲些什么。

最前面的立起来一个，站在石头前面向大家喊："马祖主义万岁！大家夫司基万岁！扑罗普落扑拉扑万岁！"大家也随着喊。喊过之后，那个人开始对大家说话，大家都坐在地上。他说："我们要打倒大神，专信马祖大仙！我们要打倒家长，打倒教员，恢复我们的自由！我们要打倒皇上，实行大家夫司基！我们欢迎侵伐我们的外国人，他们是扑罗普落扑拉扑！我们现在就去捉皇上，把他献给我们的外国同志！这是我们唯一的机会,马上就要走。捉到了皇上,然后把家长教员杀尽,杀尽！杀尽他们,迷叶全是我们的,女子都是我们的,人民也都是我们的,作我们的奴隶！大家夫司基是我们的,马祖大仙说过：扑罗普落扑拉扑是地冬地冬的呀呀者的上层下层花拉拉！我们现在就到皇宫去！"

大家并没动。"我们现在就走！"大家还是不动。

"好不好大家先回家杀爸爸？"有一位建议,"皇宫的兵太多,不要吃眼前亏！"

大家开始要往起站。

"坐下！那么,先回家杀爸爸？"

大家彼此问答起来。

"杀了爸爸,谁给迷叶吃？"有一位这样问。

"正是因为把迷叶都拿到手才杀爸爸！"有一位回答。

"现在我们的主张已不一致,可以分头去作：杀皇上派的去杀皇上,杀爸爸派的去杀爸爸。"又是一个建议。

"但是马祖大仙只说过杀皇上的观识大加油,没有说过杀爸爸——"

"反革命！"

"杀了那错解马祖大仙的神言的！"

我以为这是快打起来了。待了半天,谁也没动手,可是乱得不可开交。慢慢的一群分为若干小群,全向马祖大仙的神位立着嚷。又待了半天,一个人一组了,依旧向着石头嚷。嚷来嚷去,大家嚷得没力气了,努着最后的力量向石头喊了声："马祖大仙万岁！"各自散去。

什么把戏呢？

二十五

对猫人我不愿再下什么批评；批评一块石头不能使它成为美妙的雕刻。凡是能原谅的地方便加倍的原谅；无可原谅的地方只好归罪于他们国的风水不大好。

我去等小蝎，希望和他一同到前线上去看看。对火星上各国彼此间的关系，我差不多完全不晓得。问迷，她只知道外国的粉比猫人造得更细更白，此外，一问一个摇头。摇头之后便反攻："他怎还不回来呢?!"我不能回答这个，可是我愿为全世界的妇女祷告：世界上永不再发生战争！

等了一天，他还没回来。迷更慌了。猫城的作官的全走净了，白天街上也不那么热闹了，虽然还有不少参观大鹰的人头的。打听消息是不可能的事；没人晓得国事，虽然"国"字在这里用得特别的起劲：迷叶是国食，大鹰是国贼，沟里的臭泥是国泥……有心到外国城去探问，又怕小蝎在这个当儿回来。迷是死跟着我，口口声声："咱们也跑吧？人家都跑了！花也跑了！"我只有摇头，说道不出来什么。

又过了一天，他回来了。他脸上永远带着的那点无聊而快活的神气完全不见了。迷喜欢得连一句话也说不出，只带着眼泪盯着他的脸。我容他休息了半天才敢问："怎样了？"

"没希望！"他叹了口气。

迷看我一眼,看他一眼,蓄足了力量把句早就要说而不敢说的话挤出来:"你还走不走?"

小蝎没看着她,摇了摇头。

我不敢再问了,假如小蝎说谎呢,我何必因追问而把实话套出来,使迷伤心呢!自然迷也不见得就看不出来小蝎是否骗她。

休息了半天,他说去看他的父亲。迷一声不出,可是似乎下了决心跟着他。小蝎有些转磨;他的谎已露出一大半来了。我要帮助他骗迷,但是她的眼神使我退缩回来。小蝎还在屋里转,迷真闷不住了:"你上哪里我上哪里!"随着流下泪来。小蝎低着头,似乎想了半天:"也好吧!"

我该说话了:"我也去!"

当然不是去看大蝎。

我们往西走,一路上遇见的人都是往东的,连军队也往东走。

"为什么敌人在西边而军队往东呢?"我不由的问出来。

"因为东边平安!"小蝎咬牙的声音比话响得多。

我们遇见了许多学者,新旧派分团往东走,脸上带着非常高兴的神气。有几位过来招呼小蝎:"我们到东边去见皇帝!开御前学者会议!救国是大家的事,主意可是得由学者出,学者!前线上到底有多少兵?敌人是不是要占领猫城?假如他们有意攻猫城,我们当然劝告皇帝再往东迁移,当然的!光荣的皇上,不忘记了学者!光荣的学者,要尽忠于皇帝!"小蝎一声没出。学者被皇上召见的光荣充满,毫不觉得小蝎的不语是失礼的。这群学者过去,小蝎被另一群给围上;这一群人的脸上好像都是刚死了父亲,神气一百二十分的难看:"帮帮我们!大人!为什么皇上召集学者会议而没有我们?我们的学问可比那群东西的低?我们的名望可比那群东西的小?我们是必须去的,不然,还有谁再称我们为学者?大人,求你托托人情,把我们也加入学者会议!"小蝎还是一语没发。学者们急了:"大人要是不管,可别怪我们批评政府,叫大家脸上无光!"小蝎拉着迷就走,学者都放声哭起来。

又来了军队,兵丁的脖子上全拴着一圈红绳。我一向没见过这样的军队,又不好意思问小蝎,我知道他已经快被那群学者气死了。小蝎看出我的心意来,他忽然疯了似的狂笑:"你不晓得这样的是什么军队?这就是国家夫司基军。别国有过这样的组织,脖子上都带红绳作标识。国家夫司基军,在别国,是极端的爱国,有国家没个人。一个褊狭而热烈的夫司基。我们的红绳军,你现在看见了,也往平安地方调动呢,大概因为太爱国了,所以没法不先谋自己的安全,以免爱国军的解体。被敌人杀了还怎能再爱国呢?你得想到这一层!"小蝎又狂笑起来,我有点怕他真是疯了。我不敢再说什么,只一边走一边看那红绳军。在军队的中心有个坐在十几个兵士头上的人,他项上的红绳特别的粗。小蝎看了他一眼,低声向我说:"他就是红绳军的首领!他想把政府一切的权柄全拿在他一人手里,因为别国有因这么办而强胜起来的。现在他还没得到一切政权,可是他比一切人全厉害——我所谓的厉害便是狡猾。我知道他这是去收拾皇上,实行独揽大权的计划,我知道!"

"也许那么着猫国可以有点希望?"我问。

"狡猾是可以得政权,不见得就能强国,因为他以他的志愿为中心，国家两个字并不在他的心里。真正爱国的是向敌人洒血的。"

我看出来：敌人来到是猫人内战的引火线。我被红绳军的红绳弄花了眼，看见一片红而不光荣的血海，这些军人在里边泅泳着。

我们已离开了猫城。我心里不知为什么有个不能再见这个城的念头。又走了不远，遇见一群猫人，对于我这又是很新奇的：他们的身量都很高，样子特别的傻，每人手里都拿着根草。迷，半天没说一句话，忽然出了声："好啦，西方的大仙来了！"

"什么？"小蝎，对迷向来没动过气的，居然是声色俱厉了！迷赶紧的改嘴：

"我并不信大仙！"

我知道因我的发问可以减少他向迷使气："什么大仙？"

小蝎半天也没回答我，可是忽然问了我一句：

"你看，猫人的最大缺点在哪里？"

这确是个难以回答的问题，我一时回答不出。

小蝎自己说了："糊涂！"我知道他不是说我糊涂。

又待了半天，小蝎说："你看，朋友，糊涂是我们的要命伤。在猫人里没有一个是充分明白任何事体的。因此他们在平日以摹仿别人表示他们多知多懂，其实是不懂装懂。及至大难在前，他们便把一切新名词撇开，而翻着老底把那最可笑的最糊涂的东西——他们的心灵底层的岩石——拿出来，因为他们本来是空洞的，一着急便显露了原形，正如小孩急了便喊妈一样。我们的大家夫司基的信徒一着急便喊马祖大仙，而马祖大仙根本的是个最不迷信的人。我们的革命家一着急便搬运西方大仙,而西方大仙是世上最没仙气最糊涂的只会拿草棍的人。问题是没有人懂的,等到问题非立待解决不可了,大家只好求仙。这是我们必亡的所以然,大家糊涂!经济,政治,教育,军事等等不良足以亡国,但是大家糊涂足以亡种,因为世界上没有人以人对待糊涂像畜类的人的。这次,你看着,我们的失败是无疑的了;失败之后,你看着,敌人非把我们杀尽不可,因为他们根本不拿人对待我们,他们杀我们正如屠宰畜类,而且决不至于引起别国的反感,人们看杀畜类是不十分动心的;人是残酷的,对他所不崇敬的——他不崇敬糊涂人——是毫不客气的去杀戮的。你看着吧!"

我真想回去看看西方大仙到底去作些什么,可是又舍不得小蝎与迷。

在一个小村里我们休息了一会儿。所谓小村便是只有几处塌倒的房屋,并没有一个人。

"在我的小时候,"小蝎似乎想起些过去的甜蜜,"这里是很大的一个村子。这才几年的工夫,连个人影也看不到了。灭亡是极容易的事!"他似乎是对他自己说呢,我也没细问他这小村所以灭亡的原因,以免惹他伤心。我可以想象到:革命,革命,每次革命要战争,而后谁得胜谁没办法,因为只顾革命而没有建设的知识与热诚,于是革命一次增多一些军队,增多一些害民的官吏;在这种情形之下,人民工作也是饿着,不工作也是饿着,于是便逃到大城里去,或是加入只为得几片迷叶的军队,这一村的人便这样死走逃亡净尽。革命而没有真知识,是多么危险的事呢!什么也救不了猫国,除非他们知道了糊涂是他们咽喉上的绳子。

　　我正在这么乱想,迷忽然跳起来了,"看那边!"

　　西边的灰沙飞起多高,像忽然起了一阵怪风。

　　小蝎的唇颤动着,说了声:"败下来了!"

二十六

"你们藏起去!"小蝎虽然很镇静,可是显出极关切的样子,他的眼向来没有这么亮过。"我们的兵上阵虽不勇,可是败下来便疯了。快藏起去!"他面向着西,可是还对我说:"朋友,我把迷托付给你了!"他的脸还朝着西,可是背过一只手来,似乎在万忙之中还要摸一摸迷。

迷拉住他的手,浑身哆嗦着说:"咱们死在一处!"

我是完全莫名其妙。带着迷藏起去好呢,还是与他们两个同生死呢?死,我是不怕的;我要考虑的是哪个办法更好一些。我知道:设若有几百名兵和我拼命,我那把手枪是无用的。我顾不得再想,一手拉住一个就往村后的一间破房里跑。不知道我是怎样想起来的,我的计划——不,不是计划,因为我已顾不得细想;是直觉的一个闪光,我心里那么一闪,看出这么条路来:我们三个都藏起去,等到大队过去,我可以冒险去捉住一个散落的兵,便能探问出前线的情形,而后再作计较。不幸而被大队——比如说他们也许在此地休息一会儿——给看见,我只好尽那把手枪所能为的抵挡一阵,其余便都交给天了。

但是小蝎不干。他似乎有许多不干的理由,可是顾不得说;我是莫名其妙。他不跑,自然迷也不会听我的。我又不知道怎样好了。西边的尘土越滚越近;猫人的腿与眼的厉害我是知遭的;被他们看见,再躲就太晚了。

"你不能死在他们手里!我不许你那么办!"我急切的说,还拉着他们俩。

"全完了!你不必陪上一条命;你连迷也不用管了,随她的便吧!"小蝎也极坚决。

讲力气,他不是我的对手;我搂住了他的腰,半抱半推的硬行强迫;他没挣扎,他不是撒泼打滚的人。迷自然紧跟着我。这样,还是我得了胜,在村后的一间破屋藏起来。我用几块破砖在墙上堆起一个小屏,顺着砖的孔隙往外看。小蝎坐在墙根下,迷坐在一旁,拉着他的手。

不久,大队过来了。就好像一阵怪风裹着灰沙与败叶,整团的前进。嘈杂的声音一阵接着一阵,忽然的声音小了一些,好像波涛猛然低降,我闭着气等那波浪再猛孤丁的涌起。人数稀少的时候,能看见兵们的全体,一个个手中连木棍也没有,眼睛只盯着脚尖,惊魂似的向前跑。现象的新异使我胆寒。一个军队,没有马鸣,没有旗帜,没有刀枪,没有行列,只在一片热沙上奔跑着无数的裸体猫人,个个似因惊惧而近乎发狂,拼命的急奔,好似吓狂了的一群,一地,一世界野人。向来没看见过这个!设若他们是整着队走,我决不会害怕。

好大半天,兵们渐渐稀少了。我开始思想了:兵们打了败仗,小蝎干什么一定要去见他们呢?这是他父亲的兵,因打败而和他算账?这在情理之中。但是小蝎为何不躲避他们而反要迎上去呢?想不出道理来。因迷惑而大了胆,我要冒险去拿个猫兵来。除了些破屋子,没有一棵树或一个障碍物;我只要跳出去,便得被人看见!又等了半天,兵们更稀少了，可是个个跑得分外的快；大概是落在后面特别的害怕而想立刻赶上前面的人们。去追他们是无益的，我得想好主意。

好吧，试试我的枪法如何。我知道设若我打中一个，别人决不去管他。前面的人听见枪响也决不会再翻回头来。可是怎能那么巧就打中一个人正好不轻不重而被我生擒了来呢？再说，打中了他，虽然没打到致命的地方，而还要审问他，枪弹在肉里而还被审，我没当过军官，没有这分残忍劲儿。这个计策不高明。

兵们越来越少了。我怕起来：也许再待一会儿便一个也剩不下了。我决定出去活捉一个来。反正人数已经不多，就是被几个猫兵围困住，到底我不会完全失败。不能再耽延了，我掏出手枪，跑出去。事情不永远像理想的那么容易，可也不永远像理想的那么困难。假如猫兵们看见了我就飞跑，管保追一天我也连个影也捉不到。可是居然有一个兵，忽然的看见我，就好像小蛙见了水蛇，一动也不动的呆软在那儿了。其余的便容易了，我把他当猪似的扛了回来。他没有喊一声，也没挣扎一下；或者跑得已经过累，再加上惊吓，他已经是半死了。

把他放在破屋里，他半天也没睁眼。好容易他睁开眼，一看见小蝎，他好像身上最娇嫩的地方挨了一刺刀似的，意思是要立起来扑过小蝎去。我握住他的胳臂。他的眼睛似是发着火，有我在一旁，他可是敢怒而不敢言。

小蝎好像对这个兵一点也不感觉兴趣，他只是拉着迷的手坐着发呆。我知道，我设若温和的审问那个兵，他也许不回答；我非恐吓他不可。恐吓得到了相当的程度，我问他怎样败下来的。

他似乎已忘了一切，呆了好大半天他好像想起一点来："都是他！"指着小蝎。

小蝎笑了笑。

"说！"我命令着。

"都是他！"兵又重了一句。我知道猫人的好啰嗦，忍耐着等他把怒气先放一放。

"我们都不愿打仗，偏偏他骗着我们去打。敌人给我们国魂，他，他不许我们要！可是他能，只能，管着我们；那红绳军，这个军，那个军，也全是他调去的，全能接了外国人的国魂平平安安的退下来，只剩下我们被外国人打得魂也不知道上哪里去！我们是他爸爸的兵，他反倒不照应我们，给我们放在死地！我们有一个人活着便不能叫他好好的死！他爸爸已经有意把我们撤回来，他，他不干！人家那平安退却的，既没受伤，又可以回去抢些东西；我们，现在连根木棍也没有了，叫我们怎么活着?！"他似乎是说高兴了，我和小蝎一声也不出，听着他说；小蝎或者因心中难过也许只是不语而并没听着，我呢，兵的每句话都非常的有趣，我只盼望他越多说越好。

"我们的地，房子，家庭，"兵继续的说，"全叫你们弄了去；你们今天这个，明天那个，越来官越多，越来民越穷。抢我们，骗我们，直落得我们非去当兵不可；就是当兵帮助着你们作官的抢，你们到底是拿头一份，你们只是怕我们不再帮助你们，才分给我们一点点。到了外国人来打你们，来抢你们的财产，你叫我们去死，你个瞎眼的，谁能为你们去卖命！我们不会作工，因为你们把我们的父母都变成了兵，使我们自幼就只会当兵；除了当兵我们没有法子活着！"他喘了一口气。我乘这个机会问了他一句：

"你们既知道他们不好，为什么不杀了他们，自己去办理一切呢？"

兵的眼珠转开了，我以为他是不懂我的话，其实他是思索呢。呆了一会儿，他说：

"你的意思是叫我们革命？"

我点了点头；没想到他会知道这么两个字——自然我是一时忘了猫国革命的次数。

"不用说那个，没有人再信！革一回命，我们丢点东西，他们没有一个不坏的。就拿那回大家平分地亩财产说吧，大家都是乐意的；可是每人只分了一点地，还不够种十几棵迷树的；我们种地是饿着，不种也是饿着，他们没办法；他们，尤其是年青的，只管出办法，可是不管我们肚子饿不饿。不治肚子饿的办法全是糊涂办法。我们不再信他们的话，我们自己也想不出主意，我们只是谁给迷叶吃给谁当兵；现在连当兵也不准我们了，我们非杀不可了，见一个杀一个！叫我们和外国人打仗便是杀了我们的意思，杀了我们还能当兵吃迷叶吗？他们的迷叶成堆，老婆成群，到如今连那点破迷叶也不再许我们吃，叫我们去和外国人打仗，那只好你死我活了。"

"现在你们跑回来，专为杀他？"我指着小蝎问。

"专为杀他！他叫我们去打仗，他不许我们要外国人给的国魂！"

"杀了他又怎样呢？"我问。

他不言语了。

小蝎是我经验中第一个明白的猫人,而被大家恨成这样;我自然不便,也没工夫,给那个兵说明小蝎并非是他所应当恨的人。他是误以小蝎当作官吏阶级的代表,可是又没法子去打倒那一阶级,而只想杀了小蝎出口气。这使我明白了一个猫国的衰亡的真因:有点聪明的想指导着人民去革命,而没有建设所必需的知识,于是因要解决政治经济问题而自己被问题给裹在旋风里;人民呢经过多少次革命,有了阶级意识而愚笨无知,只知道受了骗而一点办法没有。上下糊涂,一齐糊涂,这就是猫国的致命伤!带着这个伤的,就是有亡国之痛的刺激也不会使他们咬着牙立起来抵抗一下的。

该怎样处置这个兵呢?这倒是个问题。把他放了,他也许回去调兵来杀小蝎;叫他和我们在一块,他又不是个好伴侣。还有,我们该上哪里去呢?

天已不早了,我们似乎应当打主意了。小蝎的神气似乎是告诉我:他只求速死,不必和他商议什么。迷自然是全没主张。我是要尽力阻止小蝎的死,明知这并无益于他,可是由人情上看我不能不这么办。上哪里去呢?回猫城是危险的;往西去?正是自投罗网,焉知敌人现在不是正往这里走呢!想了半天,似乎只有到外国城去是万全之策。

但是小蝎摇头。是的,他肯死,也不肯去丢那个脸。他叫我把那个兵放了:"随他去吧!"

也只好是随他去吧。我把那个兵放了。

天渐渐黑上来;异常的,可怕的,静寂!心中准知道四外无人,准知道远处有许多溃兵,准知道前面有敌人袭来,这个静寂好像是在荒岛上等着风潮的突起,越静心中越紧张。自然猫国灭亡,我可以到别国去,但是为我的好友,小蝎,设想,我的心似乎要碎了!一间破屋中过着亡国之夕,这是何等的悲苦。就是对于迷,现在我也舍不得她了。在亡国的时候才理会到一个"人"与一个"国民"相互的关系是多么重大!这个自然与我无关,但是我必须为小蝎与迷设想,这么着我才能深入他们的心中,而分担一些他们的苦痛;安慰他们是没用的,国家灭亡是民族愚钝的结果,用什么话去安慰一两个人呢?亡国不是悲剧的舒解苦闷,亡国不是诗人的正义之拟喻,它是事实,是铁样的历史,怎能纯以一些带感情的话解说事实呢!我不是读着一本书,我是听着灭亡的足音!我的两位朋友当然比我听的更清楚一些。他们是诅咒着,也许是甜蜜的追忆着,他们的过去一切;他们只有过去而无将来。他们的现在是人类最大的耻辱正在结晶。

　　天还是那么黑,星还是那么明,一切还是那么安静,只有亡国之夕的眼睛是闭不牢的。我知道他们是醒着,他们也知道我没睡,但是谁也不能说话,舌似乎被毁灭的指给捏住,从此人与国永不许再出声了。世界上又哑了一个文化,它的最后的梦是已经太晚了的自由歌唱。它将永不会再醒过来。它的魂灵只能向地狱里去,因为它生前的纪录是历史上一个污点。

二十七

大概是快天亮了,我矇眬的睡去。

啃!啃!两响!我听见已经是太晚了。我睁开眼——两片血迹,两个好朋友的身子倒在地上,离我只有二尺多远。我的,我的手枪在小蝎的身旁!

要形容我当时的感情是不可能的。我忘了一切,我不知道心里哪儿发痛。我只觉得两个活泼泼的青年瞪着四个死定的眼看着我呢。活泼泼的?是的,我一时脑子里不能转弯了,想不到他们会停止了呼吸的。他们看着我,但是并没有丝毫的表情,他们像捉住一些什么肯定的意义,而只要求我去猜。我看着他们,我的眼酸了,他们的还是那样的注视。他们把个最难猜透的谜交给我,而我忘了一切。我想不出任何方法去挽回生命;在他们面前我觉得到人生的脆弱与无能。我始终没有落泪;除了他们是躺着,我是立着,我完全和他们一样的呆死。无心的,我蹲下,摸了摸他们,还温暖,只是没有了友谊的回应;他们的一切只有我所知道的那点还存在着,其余的,他们自己已经忘了。死或者是件静美的事。

谜是更可怜的。一个美好的女子岂是为亡国预备的呢。我的心要碎了。民族的罪恶惩罚到他们的姊妹妻母;就算我是上帝,我也得后悔为这不争气的民族造了女子!

我明白小蝎，所以我更可怜迷；她似乎无论怎样也不应当死；小蝎有必死的理由。可是，与国家同死或者不需要什么辩论？民族与国家，在这个世界上，还有种管辖生命的力量。这个力量的消失便是死亡，那不肯死的只好把身体变作木石，把灵魂交与地狱。我更爱迷与小蝎了。我恨不能唤醒他们，告诉他们，他们是纯洁的，他们的灵魂还是自己的。我恨不能唤起他们，带他们到地球上来享受生命一切应有的享受。幻想是无益的；除了幻想却只有悲哀。我无论怎样幻想，他们只是呆呆的不动；他们似乎已忘了我是个好朋友。不管我心中怎样疼痛，他们一点也不欣赏，生死之间似隔着几重天。生是一切，死是一切，生死中间隔着个无限大的不可知。我似乎能替花鸟解释一些什么，我不能使他们再出一声。死的缄默是绝对的真实：我不知怎样好了，可是他们决定不再动了。我觉不到生命还有什么意义。

就是那么呆呆的守着他们，一直到太阳出来。他们的形体越来越看得清楚，我越觉得没有主张。光射在迷的脸上，还是那么美好，可爱，只是默默不语。小蝎的头窝在墙角，脸上还不时的带出那种无聊的神气，好像死还没医治了他的悲观，迷的脸上一点害怕的样子没有了。

我不能再守着他们。这是我心中忽然觉出来的。设若再继续下去，我一定会疯。离开他们？这么一想，我那始终没落的眼泪雨似的落下来。茫茫大地，我到哪里去？舍了两个好朋友，独自去游浪，这比我离开地球的时候难堪得多多了。异地的孤寂是难以担当的，况且是由于死别，他们的死将永远追随着我。我哭了不知好久，我双手拉住他们，几乎是喊着：迷，小蝎，再见了！

顾不得埋掩他们，我似乎只要再耽误一秒钟，便永不能起身了。咬一咬牙，拾起我的手枪，跳出破墙。走开几步，我回头看了看；决定不再回去，叫他们的尸身腐烂在那里，我不能再回去！我骂我自己，不祥的人，由地球上同来的朋友死在这里，现在又眼看着他们俩这样，我应当永不再交朋友！

往哪里走？回猫城，当然的。那是我的家。

路上一个人不见，死笼罩住一切。天空是灰的，灰黄的路上卧着几个死兵，白尾鹰们正在啄食，上下飞舞，尖苦的叫着。我走得飞快，可是眼中时常看见迷的笑，耳中似乎听到小蝎说的字句，他们是追随着我呢。快到了猫城，我的心跳得紧；是希冀，是恐怖，我说不清。到了，没有一个人。街上卧着，东一个，西一个，许多妇女。兵们由此经过，我猜得出其中的道理。"花也跑了！"我似乎又听见迷在我耳旁说。是的，花要是不走，也必定被兵们害死。我顾不得细看，一直往前跑，到了大鹰的头悬挂所在，他还在那里守着这空城，头上的肉已被鹰鸟啄尽。他是这死寂猫城的灵魂。跑到小蝎的住处，什么也没有了，连墙都推倒了两处。

兵们没有把小蝎的任何东西留下，我真愿意得着一点，无论是什么，作个纪念物。我只好走吧，这个地方的一砖一石都能引下我的泪。

我往东去，我知道人们都在那边。回头看了看，灰空中立着个死城！

向大蝎的迷林走去，这是我认识的一条路。路上那个小村已经没人了，我知道兵们一定已由此经过了。

到了迷林，没有人。我坐在树下休息了一会儿。还得走，静寂逼迫着我动作。向前走到我常洗澡的沙滩那里，从雾气中我看见些行人往西来。我猜想，这或者是大局已有转机，所以人们又要回猫城去。一会儿比一会儿人多了，有许多贵人还带着不少的兵。我坐在河岸上一边休息一边观察。人越来越多，带兵的人们似乎都争着往前跑，像急于去得到一些利益似的。一来二去，因为争路，兵们开始打起来，而且贵人们亲自指挥着。我莫名其妙。猫人的战争是不易见胜负的，大家只用木棍相击，轻易不致打倒一个；打的工夫还不如转的工夫多，你躲我，我躲你，非赶到有人失神，木棍是没有碰到身上的机会。工夫大了，大家还是乱转，而且是越转相距越远。有一队，一边打，一边往前转，大概是指挥人要乘着大家乱打的当儿，把他的兵转到前面去，好继续往西走。这一队离河岸较近，我认出来，为首的是大蝎。他到底是有些策略。又待了一会儿，他的兵们全转在前面来了，果然不出我所料，他们一摆脱清便向前急进。

我的机会到了。似乎是飞呢，我赶上了大蝎。

他似乎很愿意见着我，同时又似乎连讲话都顾不得，急于往前跑。我一边喘一边问他，干什么去。

"请跟我去！跟我去！"他十分恳切的说："敌人就快到猫城了！也许已过了那里，说不定！"

我心中痛快了一些，大概是到了不能不战的时候了，大家一齐去保护猫城，我想。可是，大家要都是去迎敌，为什么半路上自己先打起来呢？我想的不对！我告诉大蝎，他不告诉我干什么去，我不能跟他走。

他似乎不愿说实话，可是又好像很需要我，而且他知道我的脾气，他说了实话：

高荣生　插图

"我们去投降,谁先到谁能先把京城交给敌人,以后自不愁没有官作。"

"请吧!"我说,"没那个工夫陪你去投降!"没有再和他说第二句话,我便扭头往回走。

后面的兵也学着大蝎,一边打一边前进了。我看见那位红绳军的领袖也在其中,仍旧项上系着极粗的红绳,精神百倍的争着往前去投降。

我正看着,前面忽然全站定了。转过头来,敌人到了,已经和大蝎打了对面。这我倒要看看了,看大蝎怎样投降。

我刚跑到前面,后面的那些领袖也全飞奔前来。红绳军的首领特别的轻快像个燕子似的,一落便落在大蝎的前面,向敌人跪好。后面的领袖继续也全跪好,就好像咱们老年间大家庭出殡的时候,灵前跪满了孝子贤孙。

这是我第一次看见猫人的敌军。他们的身量,多数都比猫人还矮些。看他们脸上的神气似乎都不大聪明,可是分明的显出小气与毒狠的样子。我不知道他们的历史与民性,无从去判断,他们给我的第一个印象是这样罢了。他们手里都拿条像铁似的短棍,我不知道它们有什么用处。

等猫人首领全跪好了,矮人们中的一个,当然是长官了,一抬手,他后面的一排兵,极轻巧的向前一蹿,小短棍极准确的打在大蝎们的头上。我看得清楚极了,大蝎们全一低头,身上一颤,倒在地上,一动也不动了。莫非短棍上有电?不知道。后面的猫人看见前面投降的首领全被打死,哎呀,那一声喊,就好像千万个刀放在脖子上的公鸡。喊了一声,就好像比声音还快,一齐向后跑去。一时被挤倒的不计其数,倒了被踩死的也很多。敌人并没有追他们。大蝎们的尸首被人家甩脚踢开，大队慢慢的前进。

我想起小蝎的话："敌人非把我们杀尽不可！"

可是，我还替猫人抱着希望：投降的也是被杀，难道还激不起他们的反抗吗？他们假如一致抵抗，我不信他们会灭亡。我是反对战争的，但是我由历史上看，战争有时候还是自卫的唯一方法；遇到非战不可的时候，到战场上去死是人人的责任。褊狭的爱国主义是讨厌的东西，但自卫是天职。我理想着猫人经过这一打击，必能背城一战，而且胜利者未必不是他们。

我跟着大队走。那方才没被踩死而跑不了的，全被矮兵用短棍结果了性命。我不能承认这些矮子是有很高文化的人，但是拿猫人和他们比，猫人也许比他们更低一些。无论怎说，这些矮人必是有个，假如没有别的好处，国家观念。国家观念不过是扩大的自私，可是它到底是"扩大"的；猫人只知道自己。

幸而和小蝎起行的时候，身旁带了些迷叶，不然我一定会饿死的。我远远的跟着矮人的大队，不要说是向他们乞求点吃食，就是连挨近他们也不敢。焉知他们不拿我当作侦探呢。一直的走到我的飞机坠落处，他们才休息一下。我在远远望着，那只飞机引起了他们注意，这又是他们与猫人不同之处，这群人是有求知心的。我想起我的好友，可怜，他的那些残骨也被他们践踏得粉碎了！

他们休息了一会儿，有一部分的兵开始掘地。工作得很快，看着他们那么笨手笨脚的，可是说作便作，不迟疑，不懒散，不马马虎虎，一会儿的工夫他们挖好了深大的一个坑。又待了一会儿，由东边来了许多猫人，后面有几个矮子

高荣生 插图

兵赶着,就好像赶着一群羊似的。赶到了大坑的附近,在此地休息着的兵把他们围住,往坑里挤。猫人的叫喊真足以使铁作的心也得碎了,可是矮兵们的耳朵似乎比铁还硬,拿着铁棒一个劲儿往坑里赶。猫人中有男有女,而且有的妇女还抱着小娃娃。我的难过是说不出来的,但是我没法去救他们。我闭上眼,可是那哭喊的声音至今还在我的耳旁。哭喊的声音忽然小了,一睁眼,矮兽们正往坑中填土呢。整批的活埋!这是猫人不自强的惩罚。我不知道恨谁好,我只得了一个教训:不以人自居的不能得人的待遇;一个人的私心便足以使多少多少同胞受活埋的暴刑!

要形容一切我所看见的,我的眼得哭瞎了;矮人们是我所知道的人们中最残忍的。猫国的灭亡是整个的,连他们的苍蝇恐怕也不能剩下几个。

在最后,我确是看见些猫人要反抗了,可是他们还是三个一群,五个一伙的干;他们至死还是不明白合作。我曾在一座小山里遇见十几个逃出来的猫人,这座小山是还未被矮兵占据的唯一的地方;不到三天,这十几个避难的互相争吵打闹,已经打死一半。及至矮兵们来到山中,已经剩了两个猫人,大概就是猫国最后的两个活人。敌人到了,他们两个打得正不可开交。矮兵们没有杀他们俩,把他们放在一个大木笼里,他们就在笼里继续作战,直到两个人相互的咬死;这样,猫人们自己完成了他们的灭绝。

*　　　　　*　　　　　*

我在火星上又住了半年,后来遇到法国的一只探险的飞机,才能生还我的伟大的光明的自由的中国。

新韩穆烈德[*]

一

有一次他稍微喝多了点酒,田烈德一半自嘲一半自负的对个朋友说:"我就是莎士比亚的韩穆烈德;同名不同姓,仿佛是。"

"也常见鬼?"那个朋友笑着问。

"还不止一个呢!不过,"田烈德想了想,"不过,都不白衣红眼的出来巡夜。"

"新韩穆烈德!"那个朋友随便的一说。

这可就成了他的外号,一个听到而使他微微点头的外号。

大学三年级的学生,他非常的自负,非常的严重,事事要个完整的计划,时时在那儿考虑。越爱考虑他越觉得凡事都该有个办法,而任何办法——在细细想过之后——都不适合他的理想。因此,他很愿意听听别人的意见,可是别人的意见又是那么欠高明,听过了不但没有益处,而且使他迷

---

* 题名中的"韩穆烈德"今译为"哈姆雷特"。

乱，使他得顺着自己的思路从头儿再想过一番，才能见着可捉摸的景象，好像在暗室里洗像片那样。

所以他觉得自己非常的可爱，也很可怜。他常常对着镜子看自己，长瘦的脸，脑门很长很白。眼睛带着点倦意。嘴大唇薄，能并成一条长线。稀稀的黑长发往后拢着。他觉得自己的相貌入格，不是普通的俊美。

有了这个肯定的认识，所以洋服穿得很讲究，在意。凡是属于他的都值得在心，这样才能使内外一致，保持住自己的优越与庄严。

可是看看脸，看看衣服，并不能完全使他心中平静。面貌服装即使是没什么可指摘的了，他的思想可是时时混乱，并不永远像衣服那样能整理得齐齐楚楚。这个，使他常想到自己像个极雅美的瓷盆，盛着清水，可是只养着一些浮萍与几团绒似的绿苔！自负有自知之明，这点点缺欠正足以使他越发自怜。

二

寒假前的考试刚完，他很累得慌，自己觉得像已放散了一天的香味的花，应当敛上了瓣休息会儿。他躺在了床上。

他本想出去看电影，可是躺在了床上。多数的电影片是那么无聊，他知道；但是有时候他想去看。看完，他觉得看电影的好处只是为证明自己的批评能力，几乎没有一片能使他满意的。他不明白为什么一般人那样爱看电影。及至自己也想去看去的时候,虽然自信自己的批评能力是超乎一般人的,可是究竟觉得有点不大是味儿,这使他非常的苦恼。"后悔"破坏了"享受"。

这次他决定不去。有许多的理由使他这样下了决心。其中的一个是父亲没有给他寄了钱来。他不愿承认这是个最重要的理由,可是他无法不去思索这点事儿。

二年没有回家了。前二年不愿回家的理由还可以适用于现在,可是今年父亲没有给寄来钱。这个小小的问题强迫着他去思索,仿佛一切的事都需要他的考虑,连几块钱也在内!

回家不回呢?

三

点上支香烟,顺着浮动的烟圈他看见些图画。

父亲,一个从四十到六十几乎没有什么变动的商人,老是圆头圆脸的,头剃得很光,不爱多说话,整个儿圆木头墩子似的!

田烈德不大喜欢这个老头子。绝对不是封建思想在他心中作祟,他以为;可是,可是,什么呢?什么使他不大爱父亲呢?客观的看去,父亲应当和平常一件东西似的,无所谓可爱与不可爱。那么,为什么不爱父亲呢?原因似乎有很多，可是不能都标上"客观的"签儿。

是的，想到父亲就没法不想到钱，没法不想到父亲的买卖。他想起来：兴隆南号，兴隆北号，两个果店；北市有个栈房；家中有五间冰窖。他也看见家里，顶难堪的家里，一家大小终年在那儿剥皮：花生，胡桃，榛子，甚至于山楂，都得剥皮。老的小的，姑娘媳妇，一天到晚不识闲，老剥老挑老煮。赶到预备年货的时节就更了不得，山楂酪，炒红果，山楂糕，榅桲，玫瑰枣，都得煮，拌，大量的加糖。人人的手是黏的，人人的手红得和胡萝卜一样。到处是糊糖味，酸甜之中带着点像烫糊了的牛乳味，使人恶心。

为什么老头子不找几个伙计作这些，而必定拿一家子人的苦力呢？田烈德痛快了些，因为得到父亲一个罪案——一定不是专为父亲卖果子而小看父亲。

更讨厌的是收蒜苗的时候：五月节后，蒜苗臭了街，老头子一收就上万斤，另为它们开了一座窖。天上地下全是蒜苗，全世界是辣蒿蒿的蒜味。一家大小都得动手，大捆儿改小捆儿，老的烂的都得往外剔，然后从新编辫儿。剔出来的搬到厨房，早顿接着晚顿老吃炒蒜苗，能继续的吃一个星期，和猪一样。

五月收好，十二月开窖，蒜苗还是那么绿，拿出去当鲜货卖。钱确是能赚不少，可是一家子人都成了猪。能不能再体面一些赚钱呢？

四

把烟头扔掉,他不愿再想这个。可是,像夏日天上的浮云,自自然然的会集聚到一处,成些图画,他仿佛无法阻止住心中的活动。他刚放下家庭与蒜苗,北市的栈房又浮现在眼前。在北市的西头,两扇大黑门,门的下半截老挂着些马粪。门道非常的脏,车马出入使地上的土松得能陷脚;时常由蹄印作成个小湖,蓄着一汪草黄色的马尿。院里堆满了荆篓席筐与麻袋,骡马小驴低头吃着草料。马粪与果子的香气调成一种沉重的味道,挂在鼻上不容易消失。带着气瘰脖的北山客,精明而话多的西山客,都拐着点腿出来进去,说话的声音很高,特别在驴叫的时候,驴叫人嚷,车马出入,栈里永远充满了声音;在上市的时候,栈里与市上的喧哗就打成一片。

每一张图画都含着过去的甜蜜,可是田烈德不想只惆怅的感叹,他要给这些景象加以解释。他想起来,客人住栈,驴马的草料,和用一领破席遮盖果筐,都须出钱。果客们必须付这些钱,而父亲的货是直接卸到家里的窖中;他的栈房是一笔生意,他自己的货又无须下栈,无怪他能以多为胜的贱卖一些,而把别家果店挤得走投无路。

父亲的货不从果客手中买,他直接的包山。田烈德记得和父亲去看山园。总是在果木开花的时节吧,他们上山。远远的就看见满山腰都是花,像青山上横着条绣带。花林中什么声音也没有,除了蜜蜂飞动的轻响。小风吹过来,一阵阵清香像花海的香浪。最好看的是走到小山顶上,看到后面更高的山。两山之间无疑的有几片果园,分散在绿田之间。低处绿田,高处白花,更高处黄绿的春峰,倚着深蓝的晴天。山溪中的短藻与小鱼,与溪边的白羊,更觉可爱,他还记得小山羊那种娇细可怜的啼声。

可是父亲似乎没觉到这花与色的世界有什么美好。他嘴中自言自语的老在计算,而后到处与园主们死命的争竞。他们住在山上等着花谢,处处落花,舞乱了春山。父亲在这时节,必强迫着园主承认春风太强,果子必定受伤,必定招虫。有这个借口,才讲定价钱;价钱讲好,园主还得答应种种罚款:迟交果子,虫伤,雹伤,水锈,都得罚款。四六成交账,园主答应了一切条件,父亲才交四成账。这个定钱是庄家们半年的过活,没它就没法活到果子成熟的时期。为顾眼前,他们什么条件也得答应;明知道条件的严苛使他们将永成为父亲的奴隶。交货时的六成账,有种种罚项在那儿等着,他们永不能照数得到;他们没法不预支第二年的定银……

父亲收了货,等行市;年底下"看起"是无可疑的,他自己有窖。他是干鲜果行中的一霸!

五

　　这便有了更大的意义：田烈德不是纯任感情而反对父亲的；也不是看不起果商，而是为正义应当，应当，反对父亲。他觉得应当到山园去宣传合作的方法，应当到栈房讲演种种"用钱"的非法，应当煽动铺中伙计们要求增高报酬而减轻劳作，应当到家里宣传剥花生与打山楂酪都须索要工钱。

　　可是，他二年没回家了。他不敢回家。他知道家里的人对于那种操作不但不抱怨，而且觉得足以自傲；他们已经三辈子是这样各尽所能的大家为大家效劳。他们不会了解他。假若他一声不出呢，他就得一天到晚闻着那种酸甜而腻人的味道，还得远远的躲着大家，怕溅一身山楂汤儿。他们必定会在工作的时候，彼此低声的讲论"先生"；他是在自己家中的生人！

　　他也不敢到铺中去。那些老伙计们管他叫"师弟"，他不能受。他有很重要的，高深的道理对他们讲；可是一声"师弟"便结束了一切。

　　到栈房，到山上？似乎就更难了。

　　啊！他把手放在脑后，微微一笑，想明白了。这些都是感情用事，即使他实地的解放了一两家山上的庄家户，解放了几个小伙计与他自己的一家人，有什么用？他所追求的是个更大的理想，不是马上直接与张三或李四发生关系的小事，而是一种从新调整全个文化的企图。他不仅是反对父亲，而且反抗着全世界。用全力捉兔，正是狮的愚蠢，他用不着马上去执行什么。就是真打算从家中作起——先不管这是多么可笑——他也得另有办法，不能就这么直入公堂的去招他们笑他。

暂时还是不回家的好。他从床上起来，坐在床沿上，轻轻提了提裤缝。裤袋里还有十几块钱，将够回家的路费。没敢去摸。不回家！关在屋中，读一寒假的书。从此永不回家，拒绝承袭父亲的财产，不看电影……专心的读书。这些本来都是不足一提的事，但是为表示坚决，不能不这么想一下。放弃这一切腐臭的，自己是由清新塘水出来的一朵白莲。是的，自己至少应成个文学家，像高尔基那样给世界一个新的声音与希望。

六

看了看窗外，从玻璃的上部看见一小片灰色的天，灰冷静寂，正像腊月天气。不由的又想起家来，心中像由天大的理想缩到个针尖上来。他摇了摇头，理想大概永远与实际生活不能一致，没有一个哲人能把他的人生哲理与日常生活完全联结到一处，像鸳鸯身上各色的羽毛配合得那么自然匀美。

别的先不说,第一他怕自己因用脑过度而生了病。想象着自己病倒在床上,连碗热水都喝不到,他怕起来。摸摸自己的脸,不胖;自己不是个粗壮的人。一个用脑子的不能与一个用笨力气的相提并论,大概在这点上人类永远不会完全平等,他想。他不能为全人类费着心思,而同时还要受最大的劳力,不能;这不公道!

立起来,走在窗前向外看。灰冷的低云要滴下水来。可是空中又没有一片雪花。天色使人犹疑苦闷;他几乎要喊出来:"爽性来一场大雪,或一阵狂风!"

同学们欢呼着,往外搬行李,毛线围脖的杪儿前后左右的摆动,像撒欢时的狗尾巴:"过年见了,张!""过年见了,李!"大家喊着;连工友们也分外的欢喜,追着赏钱。

"这群没脑子的东西!"他要说而没说出来,呆呆的立着。他想同学们走净,他一定会病倒的;无心中摸了摸袋中的钱——不够买换一点舒适与享乐的。他似乎立在了针尖上,不能转身;回家仿佛是唯一平安的路子。

他慢慢的披上大衣,把短美的丝围脖细心的围好,尖端压在大衣里;他不能像撒欢儿的狗。还要拿点别的东西,想了想,没去动。知道一定是回家么?也许在街上转转就回来的;他选择了一本书,掀开,放在桌上;假如转转就回来的话,一定便开始读那本书。

走到车站,离开车还有一点多钟呢。车站使他决定暂且作为要回家吧。这个暂时的决定,使他想起回家该有的预备:至少该给妹妹们买点东西。这不是人情,只是随俗的一点小小举动。可是钱将够买二等票的,设若匀出一部分买礼物,他就得将就着三等了。三等车是可爱的,偶尔坐一次总有些普罗神味。可是一个人不应该作无益的冒险，三等车的脏乱不但有实际上的危险，而且还能把他心中存着的那点对三等票阶级的善意给削除了去。从哪一方面看，这也不是完美的办法。至于买礼物一层，他会到了家，有了钱，再补送的；即使不送，也无伤于什么；俗礼不应该仗着田烈德去维持的。

都想通了，他买了二等票。在车上买了两份大报；虽然卖报的强塞给他一全份小报，他到底不肯接收。大报，即使不看，也显着庄严。

七

到了自家门口，他几乎不敢去拍门。那两扇黑大门显着特别的丑恶可怕。门框上红油的"田寓"比昔日仿佛更红着许多，他忽然想起佛龛前的大烛，爆竹皮子，压岁钱包儿！……都是红的。不由的把手按在门环上。

没想到开门来的是母亲。母亲没穿着那个满了糖汁与红点子的围裙。她的头发几乎全白了，脸上很干很黄，眉间带着忧郁。田烈德一眼看明白这些，不由的叫出声"妈"来。

"哟，回来啦？"她那不很明亮的眼看着儿子的脸，要笑，可是被泪截了回去。

随着妈妈往里走，他不知想什么好，只觉得身旁有个慈爱而使人无所措手足的母亲，一拐过影壁来，二门上露着个很俊的脸:"哟,哥哥来了!"那个脸不见了,往里院跑了去。紧跟着各屋的门都响了,全家的人都跑了出来。妹妹们把他围上,台阶上是婶母与小孩们,祖母的脸在西屋的玻璃里。妹妹们都显着出息了,大家的纯洁黑亮的眼都看着哥哥,亲爱而稍带着小姑娘们的羞涩,谁也不肯说什么,嘴微笑的张着点。

祖母的嘴隔着玻璃缓缓的动。母亲赶过去,高声一字一字的报告:"烈德!烈德来了!大孙子回来了!"母亲回头招呼儿子:"先看看祖母来!"烈德像西医似的走进西屋去,全家都随过来。没看出祖母有什么改变,除了摇头疯更厉害了些,口中连一个牙也没有了。

和祖母说了几句话,他的舌头像是活动开了。随着大家的话,他回答,他发问,他几乎不晓得都说了些什么。大妹妹给他拿过来支蝙蝠牌的烟卷,他也没拒绝,辣辣的烧着嘴唇。祖母,母亲,妹妹们,始终不肯把眼挪开,大家看他的长脸,大嘴,洋服,都觉得可爱;他也觉得自己可爱。

他后悔没给妹妹们带来礼物。既然到了家,就得迁就着和大家敷衍,可是也应当敷衍得到家;没带礼物来使这出大团圆缺着一块。后悔是太迟了,他的回来或者已经是赏了她们脸,礼物是多余的。这么一想,他心中平静些,可是平静得不十分完全,像晓风残月似的虽然清幽而欠着完美。

八

奇怪的是为什么大家都不工作呢？他到堂屋去看了看，只在大案底下放着一盆山楂酪，一盆。难道年货已经早赶出来，拿到了铺中去？再看妹妹们的衣裳，并不像赶完年货而预备过年的光景，二妹的蓝布褂大襟上补着一大块补钉。

"怎么今年不赶年货？"他不由的问出来。

大妹妹搭拉着眼皮，学着大人的模样说："去年年底，我们还预备了不少，都剩下了。白海棠果五盆，摆到了过年二月，全起了白沫，现今不比从前了，钱紧！"

田烈德看着二妹襟上的补钉，听着大妹的摹仿成人，觉得很难堪。特别是大妹的态度与语调，使他身上发冷。他觉得妇女们不作工便更讨厌。

最没办法的是得陪着祖母吃饭。母亲给他很下心的作了两三样他爱吃的菜，可是一样就那么一小碟；没想到母亲会这么吝啬。

"跟祖母吃吧，"母亲很抱歉似的说，"我们吃我们的。"

他不知怎样才好。祖母的没有牙的嘴，把东西扁一扁而后整吞下去，像只老鸭似的！祖母的不住的摇头，铁皮了的皮肤老像糊着一层水锈！他不晓得怎能吃完这顿饭而不都吐出来！他想跑出去嚷一大顿，喊出家庭的毁坏是到自由之路的初步！

可是到底他陪着祖母吃了饭。饭后，祖母躺下休息；母亲把他叫在一旁。由她的眼神，他看出来还得殉一次难。他反倒笑了。

"你也歇一会儿，"母亲亲热而又有点怕儿子的样儿，"回头你先看看爸去，别等他晚上回来，又发脾气；你好容易回来这么一趟……"母亲的言语似乎不大够表现心意的。

"唉，"为敷衍母亲，他答应了这么一声。

母亲放了点心。"你看，烈德，这二年他可改了脾气！我不愿告诉你这些，你刚回来；可是我一肚子委屈真……"她提起衣襟擦了擦眼角。"他近来常喝酒，喝了就闹脾气。就是不喝酒，他也嘴不识闲，老叨唠，连躺在被窝里还跟自己叨唠，仿佛中了病；你知道原先他是多么不爱说话。"

"现在，他在南号还是在北号呢？"他明知去见父亲又是一个劫难，可是很愿意先结束了目前这一场。

"还南号北号呢！"母亲又要往上提衣襟。"南号早倒出去了，要不怎么他闹脾气呢。南号倒出不久，北市的栈房也出了手。"

"也出了手，"烈德随口重了一句。

"这年月不讲究山货了，都是论箱的来洋货。栈房不大见得着人！那么个大栈呀，才卖了一千五，跟白拾一样！"

九

进了兴隆北号,大师哥秀权没认出他来,很客气的问,"先生看点什么?"双手不住的搓着。田烈德摘了帽子,秀权师哥又看了一眼,"师弟呀?你可真够高的了;我猛住了,不敢认,真不敢认!坐下!老人家出去了;来,先喝碗茶。"

田烈德坐在果筐旁的一把老榆木擦漆的椅子上,非常的不舒服。

"这一向好吧?"秀权师哥想不起别的话来,"外边的年成还好吧?"他已五十多岁,还没留须,红脸大眼睛,看着也就是四十刚出头的样子。

"他们呢?"烈德问。

"谁?啊,伙计们哪?别提了——"秀权师哥把"了"字拉得很长,"现在就剩下我和秀山,还带着个小徒弟。秀山上南城匀点南货去了,眼看就过年,好歹总得上点货,看看,"他指着货物,"哪有东西卖呀!"

烈德看了看,瓷缸的红木盖上只摆着些不出眼的梨和苹果;干果笸箩里一些栗子和花生;靠窗有一小盆蜜饯海棠,盆儿小得可怜。空着的地方满是些罐头筒子,藕粉匣子,与永远卖不出去的糖精酒糖搀水的葡萄酒,都装璜得花花绿绿的,可是看着就知道专为占个地方。他不愿再看这些——要关市的铺子都拿这些糊花纸的瓶儿罐儿装门面。

"他们都上哪儿去了?"

"谁知道!各自奔前程吧!"秀权师哥摇着头,身子靠着笸箩。"不用提了,师弟,我自幼干这一行,今年五十二了,没看见过这种事!前年年底,门市还算作得不离,可是一搂账啊,亏着本儿呢。毛病是在行市上。咱们包山,钱货两清;等到年底往回叫本的时候,行市一劲往下掉。东洋橘子,高丽苹果,把咱们顶得出不来气。花生花生也掉盘,咱们也是早收下的。山楂核桃什么的倒有价儿,可是糖贵呀;你看,"他掀起蓝布帘向对过的一个小铺指着:"看,蜜饯的东西咱们现今卖不过他;他什么都用糖精;咱们呢,山楂看赚,可赔在糖上,这年月,人们过年买点果子和蜜饯当摆设,买点儿是个意思,不管好坏,价儿便宜就行。咱们的货地道,地道有什么用呢!人家贱,咱们也得贱,把货铲出去呢,混个热闹;卖不出去呢,更不用说,连根儿烂!"他叹了口气。又给烈德满满的倒了一碗茶,好像拿茶出气似的。

"经济的侵略与民间购买力的衰落!"烈德看得很明白,低声对自己说。

秀权忙着想自己的话,没听明白师弟说的是什么,也没想问;他接着诉苦:"老人家想裁人。我们可就说了,再看一节吧。这年月,哪柜上也不活动,裁下去都上哪儿去呢!到了五月节,赔的更多了,本来春天就永远没什么买卖。老人家把两号的伙计叫到一处,他说得惨极了:你们都没过错,都帮过我的忙。可是我实在无了法。大家抓阄吧,谁抓着谁走。大家的泪都在眼圈里!顶义气的是秀明,师弟你还记得秀明?他说了话:两柜上的大师哥,秀权秀山不必抓。所以你看我俩现在还在这儿。我俩明知道这不公道,可是腆着脸没去抓。四五十岁的人了,不同年轻力壮,叫我们上哪儿找事去呢?一共裁了三次,现在就剩下我和秀山。老人家也不敢上山了,行市赔不起!兴隆改成零买零卖了。山上的人连三并四的下来央求,老人家连见他们也不敢!南号出了手,栈房也卖了。我们还指望着蒜苗,哼,也完了!热洞子的王瓜,原先卖一块钱两条,现在满街吆喝一块钱八条;茄子东瓜香椿原先都是进贡的东西,现在全下了市,全不贵。有这些鲜货,谁吃辣蒿蒿的蒜苗呢?我们就这么一天天的耗着,三个老头子一天到晚对着这些筐子发愣。你记得原先大年三十那个光景?买主儿挤破了门;铜子毛钱撒满了地,没工夫往柜里扔。看看现在,今到几儿啦,腊月廿六了,你坐了这大半天,可进来一个买主?好容易盼进一位来,不是嫌贵就是嫌货不好,空着手出去,还瞪我们两眼,没作过这样的买卖!"秀权师哥拿起抹布拼命的擦那些瓷缸,似乎是表示他仍在努力;虽然努力是白饶,但求无愧于心。

+

秀权的后半截话并没都进到烈德的耳中去,一半因他已经听腻,一半因他正在思索。事实是很可怕,家里那群,当伙计的那群,山上种果子的那群,都走到了路尽头!

可怕!可是他所要解放的已用不着他来费事了,他们和她们已经不在牢狱中了;他们和她们是已由牢狱中走向地狱去，鬼是会造反的。非走到无路可走，他们不能明白，历史时时在那儿牺牲人命，历史的新光明来自地狱。

他不必鼻一把泪一把的替他们伤心，用不着，也没用。这种现象不过是消极的一个例证，证明不应当存在的便得死亡，不用别人动手，自己就会败坏，像搁陈了的橘子。他用不着着急，更用不着替他们出力；他的眼光已绕到他们的命运之后，用不着动什么感情。

正在这么想着，父亲进来了。

"哟，你！"父亲可不像样子了：脸因削瘦，已经不那么圆了。两腮下搭拉着些松皮，脸好像接出一块来。嘴上留了胡子，惨白，尖上发黄，向唇里卷卷着。脑门上许多皱纹，眼皮下有些黑锈。腰也弯了些。

烈德吓了一跳，猛的立起来。心中忽然空起来，像电影片猛孤仃断了，台上现出一块空白来。

十一

父亲摘了小帽，脑门上有一道白印。看了烈德一会儿："你来了好，好！"

父亲确是变了，母亲的话不错；父亲原先不这么叨唠。父亲坐下，哈了一声，手按在膝上。又懒懒的抬起头看了烈德一眼："你是大学的学生，总该有办法！我没了办法。我今儿走了半天，想周转俩现钱，再干一下子。弄点钱来，我也怎么缺德怎办，拿日本橘子充福橘，用糖精熬山里红汤，怎么贱怎卖，可是连坑带骗，给小分量，用报纸打包。哼，我转了一早上，这不是，"他拍了拍胸口，"怀里揣着房契，想弄个千儿八百的。哼！哼！我明白了，再有一份儿房契，再走上两天，我也弄不出钱来！你有学问，必定有主意；我没有。我老了，等着一领破席把我卷出城去，不想别的。可是，这个买卖，三辈子了，送在我手里，对得起谁呢！两三年的工夫会赔空了，谁信呢？你叔叔们都去挣工钱了，那哪够养家的，还得仗着买卖，买卖可就是这个样！"他嘴里还咕弄着，可是没出声。然后转向秀权去："秀山还没回来？不一定能匀得来！这年景，谁肯帮谁的忙呢！钱借不到，货匀不来，也好，省事！哈哈！"他干笑起来，紧跟着咳嗽了一阵，一边咳嗽还一边有声无字的叨唠。

十二

　　敷衍了父亲几句，烈德溜了出来。

　　他可以原谅父亲不给他寄钱了，可以原谅父亲是个果贩子，可以原谅父亲的瞎叨唠，但是不能原谅父亲的那句话："你是大学的学生，总该有办法。"这句话刺着他的心。他明白了家中的一切，他早就有极完密高明的主意，可是他的主意与眼前的光景联不到一处，好像变戏法的一手耍着一个磁碟，不能碰到一处；碰上就全碎了。

他看出来，他决定不能顺着感情而抛弃自己的理想。虽然自己往往因感情而改变了心思，可是那究竟是个弱点；在感情的雾瘴里见不着真理。真理使刚才所见所闻的成为必不可免的，如同冬天的雨点变成雪花。他不必为雪花们抱怨天冷。他不用可怜他们，也不用对他们说明什么。

是的，他现在所要的似乎只是个有实用的办法——怎样马上把自己的脚从泥中拔出来，拔得干干净净的。丧失了自己是最愚蠢的事，因为自己是真理的保护人。逃，逃，逃！

逃到哪里去呢？怎样逃呢？自己手里没有钱！他恨这个世界，为什么自己不生在一个供养得起他这样的人的世界呢？

想起在本杂志上看见过的一张名画的复印：一溪清水，浮着个少年美女，下半身在水中，衣襟披浮在水上，长发像些金色的水藻随着微波上下，美洁的白脑门向上仰着些，好似希望着点什么；胸上袒露着些，雪白的堆着些各色的鲜花。他不知道为什么想起这张图画，也不愿细想其中的故事。只觉得那长发与玉似的脑门可爱可怜，可是那些鲜花似乎有点画蛇添足。这给他一种欣喜，他觉到自己是有批评能力的。

忘了怎样设法逃走，也忘了自己是往哪里走呢，他微笑着看心中的这张图画。

忽然走到了家门口，红色的"田寓"猛的发现在眼前，他吓了一跳！

讨 论

日本兵到了,向来不肯和仆人讲话的阔人,也改变得谦卑和蔼了许多,逃命是何等重要的事,没有仆人的帮助,这命怎能逃得成。在这种情形之下,王老爷向李福说了话:

"李福,厅里的汽车还叫得来吗?"王老爷是财政厅厅长,因为时局不靖,好几天没到厅里去了;可是在最后到厅的那天,把半年的薪水预支了来。

"外边的车大概不能进租界了。"李福说。

"出去总可以吧?向汽车行叫一辆好了。"王老爷急于逃命,只得牺牲了公家的自用汽车。

"铺子已然全关了门。"李福说。

"但是,"王老爷思索了半天才说。"但是,无论如何,我们得离开这日租界;等会儿,大兵到了,想走也走不开了!"

李福没作声。

王老爷又思索了会儿,有些无聊,还叹了口气:

"都是太太任性,非搬到日租界来不可;假如现在还在法界住,那用着这个急!怎办?"

"老爷,日本兵不是要占全城吗?那么,各处就都变成日租界了,搬家不是白费——"

"不会搬到北平去呀?你——"王老爷没好意思骂出来。

"打下天津，就是北平，北平又怎那么可靠呢？"李福说，样子还很规矩，可是口气有点轻慢。

王老爷张了张嘴，没说什么。待了半天：

"那么，咱们等死？在这儿坐着等死？"

"谁愿意大睁白眼的等死呢？"李福微微一笑，"有主意！"

"有主意还不快说，你笑什么？你——"王老爷又压住自己的脾气。

"庚子那年，我还小呢——"

"先别又提你那个庚子！"

"厅长，别忙呀！"李福忽然用了"厅长"的称呼，好像是故意的耍笑。

"庚子那年，八国联军占了北平，我爸爸就一点也不怕，他本是义和团，听说洋兵进了城，他'拍'的一下，不干了，去给日本兵当——当——"

"当向导。"

"对，向导！带着他们各处去抢好东西！"

"亡国奴！"王老爷说。

"亡国奴不亡国奴的，我这是好意，给老爷出个小主意，就凭老爷这点学问身分，到日本衙门去投效，准行！你瞧，我爸爸不过是个粗人，还能随机应变；你这一肚儿墨水，不比我爸爸强？反正老爷在前清也作官——我跟着老爷，快三十年了，是不是？——在袁总统的时候也作官——那时候老爷的官运比现在强，我记得——现在，你还作官；这可就该这么说了：反正是作官，为什么不可以作个日本官？老爷有官作呢，李福也跟着吃碗饱饭，是不是？"

方 成 插图

讨论

丁 聪 插图

"胡说！我不能卖国！"王老爷有点发怒了。

"老爷，你要这么说呢，李福也有个办法。"

王老爷点了点头，是叫李福往下说的意思。

"老爷既不作卖国贼；要作个忠臣，就不应当在家里坐着，应当到厅里去看着那颗印。《苏武牧羊》，《托兆碰碑》，《宁武关》，那都是忠臣，李福全听过。老爷愿意这么办，我破出这条狗命去陪着老爷！上行下效，有这么一句话没有？唱红脸的，还是唱白脸的，总得占一面，我听老爷的！"

"太太不叫我出去！"王老爷说："我也没工夫听你这一套废话！"

李福退了两步，低头想了会儿：

"要不然，老爷，这么办：庚子那年，八国联军刚进了齐化门，日本打前敌，老爷。我爸爸一听日本兵进了城，就给全胡同的人们出了主意。他叫他们在门口高悬日本旗；一块白布，当中用胭脂涂个大红蛋，很容易。挂上以后，果然日本兵把别的胡同全抢了，就是没抢我们那条——羊尾巴胡同。现在，咱们跑是不容易了。日本兵到了呢，不杀也得抢；不如挂上顺民旗，先挡一阵！"

"别说了，别说了！你要把我气死！亡国奴！"

李福看老爷生了气，怪扫兴的要往外走。

"李福！"太太由楼上下来，她已听见了他们的讨论。"李福，去找块白布，镜盒里有胭脂。"

王老爷看了太太一眼，刚要说话，只听：

"咣！"一声大炮。

"李福，去找块白布，快！"王老爷喊。

载《齐大月刊》1931年11月第二卷第二期

民主世界（未完）

一

我们这里所说的"世界"，事实上不过是小小的一个乡镇，在战前，镇上也不过只有几十户人家；它的"领空"，连乌鸦都不喜轻易的飞过，因为这里的人少，地上也自然没有多余的弃物可供乌鸦们享用的。

可是从抗战的第二年起，直到现在，这小镇子天天扩大，好像面发了酵似的一劲儿往外膨胀，它的邮政代办所已改了邮局，它的小土地祠已变为中学校，它的担担面与抄手摊子已改为锅勺乱响的饭馆儿，它有了新的街道与新的篾片涂泥的洋楼。它的老树上已有了栖鸦。它的住户已多数的不再头缠白布，赤脚穿草鞋，而换上了呢帽与皮鞋，因为新来的住户给它带来香港与上海的文化。在新住户里，有的是大公司的经理，有的是立法院或监察院的委员，有的是职业虽不大正常，倒也颇发财，冬夏常青的老穿着洋服啷当的。

我们就把这镇子，叫作金光镇吧。它的位置，是在重庆郊外。不过把它放在成都，乐山，或合川附近，也无所不可。我们无须为它去详查地图和古书，因为它既不是军事要地，也没有什么秦砖汉瓦和任何古迹的。它的趣味，似乎在于"新"而不在于"旧"。若提到"旧"，那座小土地祠，或者是唯一的古迹，而它不是已经改为中学校，连神龛的左右与背后，都贴上壁报了么？

因此，我们似乎应当更注意它的人事。至于它到底是离重庆有二十或五十里地，是在江北岸还是南岸，倒没多大关系了。

好，让我们慢慢的摆龙门阵似的，谈谈它的人事吧。说到人事，我们首要的注意到这里的人们的民主精神。将来的世界，据说，是民主的世界。那么，金光镇上的人们，既是良好的公民，又躲藏在这里参与了民主与法西斯的战斗，而且是世界和平的柱石，我们自然没法子不细看看他们的民主精神了。

我们想起什么，就说什么，次序的先后是毫不重要的；在民主世界里，不是人人事事一律平等的么？

让我们先说水仙馆的一个小故事吧。

水仙馆是抗战第四年才成立的一个机关。这是个学术研究，而又兼有实验实用的机关。设有正副馆长，和四科，每科各有科长一人，科员若干人；此外还有许多干事，书记，与工友。四科是总务科，人事科，研究科，与推广科。总务科与人事科的事务用不着多说，因为每个机关，都有这么两科。研究科是专研究怎样使四川野产的一包一茎的水仙花，变成像福建产的大包多茎的水仙花，并且搜集中外书籍中有关于水仙的记载，作一部水仙大辞典。这一科的科员，干事，书记与工友比别科多着两三倍，因为工作繁重紧要。这一科里的科员，乃至于干事，都是学者。他们的工作目的是双重的。第一，是为研究而研究；研究水仙花正如同研究苹果、小麦与天上的彗星；研究是为发扬真理，而真理无所不在。第二，是为改良水仙花种，可以推销到各省，甚至于国外去，以便富国裕民。假若他们在水仙包里，能发现一种维他命，或者它就可以和洋芋与百合，异曲同工，而增多了农产。

研究的结果，由推广科去宣传、推销，并与全世界的水仙专家，交换贤种。

水仙馆自成立到现在，还没有找到一颗水仙。馆长是蒙古人，没看见过水仙，而研究员们所找到的标本，一经签呈上去，便被馆长批驳："其形如蒜，定非水仙，应再加意搜集鉴别。"

副馆长呢，是山东人，虽然认识水仙，可是"其形如蒜"一语，伤了他的心。山东人喜欢吃蒜，所以他以为研究与蒜相似的东西。是有意讽刺他。因此，他不常到馆里来，而只把平价米领到家中去，偷偷的在挑拣稗子的时候，吃几瓣大蒜。

馆里既然连一件标本还没有，大家的工作自然是在一天签两次到。和月间领薪领米之外，只好闲着。在闲得腻烦了的时候，大家就开一次会议；会议完了，大家都感到兴奋与疲乏，而且觉得平价米确实缺乏着维他命的。

不过，无论怎么说吧，这个机关，比起金光镇的其他机关，总算是最富于民主精神的，因为第一，这里有许多学者，而学者总是拥护自由与平等的，第二，馆长与副馆长，在这三四年来，只在发脾气的时候，用手杖打过工友们的脑壳，而没有打过科长科员，这点精神是很可佩服的。

在最近的两次会议上，大家的民主精神，表现得特别的明显。第一次会议，由研究科的科长提议："以后工友对职员须改呼老爷以别尊卑，而正名位。"提案刚一提出，就博得出席人员全体的热烈拥护。大家鼓掌，并且做了一分钟的欢呼。议案通过。

第二次会议，由馆长提议，大门外增设警卫。他的理由充足，说明议案的词藻也极漂亮而得体："诸位小官们，本大官在这金光镇上已住了好几年，论身分，官级，学问，本大官并不比任何人低；可是，看吧，警察分队长，宪兵分队长，检查站站长，出恭入敬的时候，都有人向他们敬礼，敬礼是这样的，两个鞋后跟用力相碰，身子笔直，双目注视，把右手放在眉毛旁边。（这是一种学问。深恐大家不晓得，所以本大官稍加说明。）就是保长甲长，出门的时候，也有随从。本大官，"馆长声音提高，十分动感情的说："本大官为了争取本馆的体面，不能不添设馆警；有了馆警，本大官出入的时候，就也有鞋后跟相碰，手遮眉毛的声势。本大官十二万分再加十二万分的相信，这是必要的，必要的，必要的！"馆长的头上出了汗；坐下，用手绢不住的擦脑门。

照例，馆长发言以后，别人都要沉默几分钟。水仙馆的（金光镇的也如此）民主精神是大官发表意见，小官们只能低头不语。

副馆长慢慢的立起来："馆长，请问：馆警是专给馆长一个人行礼呢，还是给大家都行礼呢？"

副馆长这一质问，使大家不由的抬起头来，他既是山东人，敢说话，又和本镇上宪兵队长是同乡，所以理直气壮，连馆长都惧怕他三分。

"这个……"馆长想了一会儿。"这好办!本馆长出入大门警察须碰两次鞋跟,遮两次眉毛。副馆长出入呢,就只碰一次,遮一次,以便有个区别。"

副馆长没再说什么,相当的满意这个办法。

大家又低头无语。

"这一案做为通过!"馆长发了命令。

大家依然低头不语,议案通过。

这可惹起来一场风波。散会后,研究科的学者们由科长引衔全体辞职。他们都是学者,当着馆长的面,谁也不肯发言,可是他们又决定不肯牺牲了享受敬礼的尊严,所以一律辞职。他们也晓得假若辞职真照准的话,他们会再递悔过书的。

馆长相当的能干,把这件事处理得很得法。他挽留大家。而给科长记了一过。同时,他撤销了添设门警的决议案,而命令馆长室的工友:"每天在我没来到的时候,你要在大门外等着;我一下滑竿,你要敬礼,而后高声喊:馆长老爷到!等到我要出去的时节,你必须先跑出大门去,我一出门,你要敬礼,高声喊:馆长老爷去!看情形,假若门外有不少的过路的人,你就多喊一两声!"

工友连连的点头称是。"可是,馆长老爷,我的事情不就太多了吗?"

"那,我叫总务科多派一个工友帮助你就是了!"

这样,一场小小的风波,就平静无事了。在其中充分的表现了民主精神,还外带着有点人道主义似的。

二

在我们的这个民主世界——金光镇——里，要算裘委员最富于民主精神。他是中央委员，监察委员，还是立法委员，没人说得清。我们只知道他是委员，而且见面必须高声的叫他裘委员；我们晓得，有好几个无知的人曾经吃过他的耳光，因为他们没高声的喊委员。

裘委员很有学问。据说，他曾到过英美各民主国家考察过政治；现在，他每逢赶场（金光镇每逢一四七有"场"），买些地瓜与红苕之类的东西，还时时的对乡下人说一两个英文字，使他们莫名其妙。

不过，口中时时往外跳洋字，还是小焉者也。裘委员的真学问却是在于懂得法律与法治。"没有法治的精神，中国是不会强起来的！"这句话，差不多老挂在他的嘴边上。

他处处讲"法"。他的屋中，除了盆子罐子而外，都是法律书籍，堆得顶着了天花板。那些满印着第几条第几款，使别人看了就头疼的书，在裘委员的眼中就仿佛比剑侠小说还更有趣味。他不单读那些"天书"，而且永远力求体行。他的立身处世没有一个地方不合于法的。他家中人口很少，有一位太太一位姨太太两个儿子。他的太太很胖。大概因为偏重了肌肉的发展，所以她没有头发。裘委员命令她戴上假头发——在西洋，法官都需头罩发网的，他说。按法律上说，他不该娶姨太太。于是他就自己制定了几条法律，用恭楷写好，贴在墙上，以便给她个合法的地位。他的两位少爷都非常的顽皮，不好管教。裘委员的学问使他应付裕如，毫无困难。他引用了大清律，只要孩子们斜看他一眼，就捆打二十。这样，孩子们就越来越淘气，而且到处用粉笔写出"打倒委员爸爸"的口号。为这个，裘委员预备下一套夹棍，常常念道："看大刑伺候！"向儿子们示威。

裘委员这点知法爱法的精神博得了全镇人士的钦佩。有想娶姨太太的，必先请他吃酒，而把他自己制定的姨太太法照抄一份，贴在门外，以便取得法律的根据。有的人家的孩子们太淘气，也必到委员家中领取大清律，或者甚至借用他的那套夹棍，给孩子们一些威胁。

这样，裘委员成为全镇上最得人缘的人。假若有人不买他的账，他会引用几条律法，把那个家伙送到狱中去的。他的法律知识与护法的热诚使他成了没有薪俸的法官。他的法律条款与宪书上的节气（按：系指历书上的二十四节而言），成为金光镇中必不可少的东西。

虽然裘委员的威风如此之大，可是在抗战中他也受了不少委屈。看吧！裘委员的饭是平价米煮的，而饭菜之中就每每七八天见不着一根肉丝。鸡蛋已算是奢侈品，只有他自己每天早晨吃两个，其余的人就只能看看蛋皮，咽口吐沫而已。说到穿呢，无冬无夏的，他总穿着那套灰布中山装；假若没有胸前那块证章，十之八九他会被看作机关上的工友的。这，他以为，都是因为我们缺乏完善的法律。假若法律上定好，委员须凭证章每月领五只鸡，五十斤猪肉，三匹川绸，几双皮鞋，他一定不会给国家丢这份脸面的。

特别使他感到难过的是住处。我们已经说过：金光镇原本是个很小的镇子，在抗战中忽然涨大起来的。镇上的房子太不够用。依着裘委员的心意，不管国家怎样的穷，不管前线的士兵有无草鞋穿，也应当拨出一笔巨款，为委员们建筑些相当体面的小洋房，并且不取租钱。可是，政府并没这么办，他只好和别人一样的租房子住了。

凭他的势力与关系，他才在一个大杂院里找到了两间竹篾为墙，茅草盖顶，冬寒夏热，有雨必漏，遇风则摇的房屋。不平则鸣，以堂堂的委员而住这样的猪圈差不多的陋室，裘委员搬来之后就狂吼了三天。把怒气吼净，他开始布置房中的一切。他叫大家都挤住一间，好把另外的一间做为客厅和书房。他是委员，必须会客，所以必须有客厅。然后，他在客室门外，悬起一面小木牌，写好"值日官某某"。值日官便是他的两位太太与两位少爷。他们轮流当值，接收信件，和传达消息。遇有客人来访，他必躲到卧室里去，等值日官拿进名片，他才高声的说"传"，或"请"；再等客人进了客室，他才由卧室很有风度的出来会客。这叫作"体统"，而体统是法治的基本。

他决定不交房租。他自己又制定了几条法律，首要的一条是："委员住杂院得不交房租。"

杂院里住着七八家子人，有小公务员，有小商人，有小流氓——我们的民主世界里有不少的小流氓，他们的民主精神是欺压良善。

裘委员一搬进来，便和小流氓们结为莫逆。他细心的给他们的行动都找出法律的根据。他也教他们不交房租，以便人多势众，好叫房东服从多数。这是民主精神。

房东是在镇上开小香烟店的,人很老实。他有个比他岁数稍大的太太,一个十三岁的男孩,也都很老实。他们是由河北逃来的。河北受敌人的蹂躏最早,所以他们逃来也最早。那时候,金光镇还没有走红运,房子地亩都很便宜,所以他们东凑西凑的就开了个小店,并且买下了这么一所七扭八歪的破房。金光镇慢慢发达起来,他的生意一天比一天好,而房子,虽然是那么破,也就值了钱。这,使裘委员动了气。他管房东叫奸商,口口声声非告发他不可。房东既是老实人,又看房客是委员,所以只好低头忍气吞声,不敢索要房租。及至别的房客也不交房租了,他还是不敢出声。在他心里,他以为一家三口既能逃出活命,而且离家万里也还没挨饿,就得感谢苍天,吃点亏又算得什么呢。

裘委员看明白了房东的心意,马上传来一个小流氓:"你去向房东说:房子都得赶紧翻修,竹篾改为整砖,土地换成地板。我是委员,不能住狗窝!要是因为住在这里而损及我的健康,他必受惩罚!这些,都有法律的根据!此外,他该每月送过两条华福烟来。他赚钱,理当供给我点烟。再说,这在律书上也有明文!他要是不答应,请告诉他,这里的有势力的人不是我的同事,就是我的朋友,无论公说私断,都没他的好处。我们这是民主时代,我不能不教而诛,所以请你先去告诉明白了他。"

房东得到通知,决定把房子卖出去,免得一天到晚的怄气。

裘委员请来几位"便衣"。所谓"便衣"者,不是宪兵,不是警察,也不是特务,而是我们这个小民主世界特有的一种人物。他们专替裘委员与其他有势力的人执行那些私人自定的法律。

房东住在小香烟店里，家中只剩下太太与十三岁的男孩。便衣们把房东太太打了一顿——男人打女人是我们这个小民主世界最合理的事。他们打，裘委员在一旁怒吼："混账！你去打听打听，普天之下有几个委员！你敢卖房？懂法律不懂？混账！"

打完了房东太太，便衣们把他十三岁的男孩子抓了走。"送他去当壮丁！"裘委员呼喝着。"混账！"

房东急忙的跑回来。他是老实人，所以不敢和委员讲理，进门便给委员跪下了。

"你晓得我是委员不晓得？"裘委员怒气冲冲的问。

"晓得！"房东含着泪回答。

"委员是什么？说！"

"委员是大官！比县太爷还大的大官儿！"

"你还敢卖房不敢？"

"小的该死！不敢了！"

"好吧，把你的老婆送到医院去，花多少医药费照样给我一份儿，她只伤了点肉皮，我可是伤了心，我也需要医药费！"

"一定照送！裘委员放了我的孩子吧，他才十三岁，不够当壮丁的年纪！"房东苦苦的哀求。

"你不懂兵役法，你个混蛋！"

"我不懂！只求委员开恩！"

"拿我的片子，把他领出来！——等等！"

房东又跪下了。

"从此不准你卖房，不准要房租，还得马上给我翻修房子，换地板！"

"一定办到！"

"你得签字；空口无凭，立字为证！"

"我签字！"

这样，委员与房东的一场纠纷就都依法解决了。这也就可以证明我们的金光镇的确是个民主世界呀。

三

在我们的这个小小的民主世界里，局面虽小，而气派倒很大。只要有机会，无论是一个家庭，还是一个机关，总要摆出它的最大的气派与排场来。也只有这样，这一家或机关才能引起全镇人的钦佩。气派的大小也就是势力的大小，而势力最大的总也就是最有理的。这是我们的民主世界特有的精神，有的人就称之为国粹。

我们镇上的出头露脸的绅士与保甲长都时常的"办事"。婚丧大事自然无须说了，就是添个娃娃，或儿女订婚，也要惊天动地的干一场的。假若不幸，他们既无婚丧大事，又没有娃娃生下来，他们也还会找到摆酒席的题目。他们会给父母和他们自己贺寿。若是父母已亡，便作冥寿。冥寿若还不过瘾，他们便给小小子或小姑娘贺五岁或十岁寿。

不论是办哪种事吧，都要讲究杀多少根猪，几百只或几千只鸡鸭，开多少坛子干酒。鸡鸭猪羊杀的越多，仿佛就越能邀得上天的保佑，而天增岁月人增寿的。假若与上天无关呢，大家彼此间的竞赛或者是鸡鸭倒楣的重要原因之一。张家若是五十桌客，李家就必须多于五十桌；哪怕只多一桌呢，也是个体面。因此，每家办事，酒席都要摆到街上来，一来是客太多，家里容不下，二来也是要向别家示威。这样，一家办事，镇上便须断绝交通。我们的民主精神是只管自己的声势浩大，不管别人方便不方便的。所以，据学者们研究的结果，这是世界上最好的一种民主精神，因为它里面含有极高的文化因素。若赶上办丧事，那就不单交通要断绝，而且大锣大鼓的敲打三天三夜，吵得连死人都睡不安，而活人都须陪着熬夜。锣鼓而外还有爆竹呢。爆竹的威力，虽远不及原子弹，可是把婴孩们吓得害了惊风症是大有可能的。

问题还不仅这样简单。他们讲排场，可就苦了穷人。无论是绅粮，还是保甲长家中办事，穷人若不去送礼，便必定开罪于上等人；而得罪了上等人，在这个小小的民主世界里，简直等于自取灭亡。穷人，不管怎样为难，也得送去礼物或礼金。对于他们，这并不是礼物礼金，而是苛捐杂税。但是，他们不敢不送；这种苛捐杂税到底是以婚丧事为名的，其中似乎多少总有点人情，而人情仿佛就与民主精神可以相通了。穷人送礼，富人收礼，于是，富人不因摆百十桌酒席而赔钱——其目的，据说是为赚钱——可是穷人却因此连件新蓝布大褂也穿不上了。

本地的绅粮们如此，外来的人也不甘落后。我们镇上的欢送会与欢迎会多得很。在英美的民主世界里，若是一位警长或邮局局长到一个小镇上任去，或从一个小镇被调走，大概他们只顾接事或办交代，没有什么别的可说。同时，那镇上的人民，对他们或者也没有欢迎与欢送的义务。他们办事好呢，是理应如此；他们拿着薪俸，理当努力服务。他们办不好呢，他们会得到惩戒，用不着人民给他们虚张声势。我们的金光镇上可不这样，只要来一个小官，镇上的公民就必须去欢迎，仿佛来到金光镇上的官吏都是大圣大贤。等到他们离职的时候，公民们又必须去欢送，不管离职的人给地方上造了福，还是造了孽。不单官吏来去如此，连什么银号钱庄的老板到任去任也要如此，因为从金光镇的标准来看，天天埋在钞票堆中的人是与官吏有同等重要的。这又是我们的民主世界里特有的精神，恐怕也是全世界中最好的精神。

本着这点精神，就很可以想象到我们镇上怎样对待一个偶然或有意从此经过的客人了。按说，来了一位客人，实在不应当有什么大惊小怪的地方。假若他是偶然从此路过呢，那就叫他走他的好了。假若他是有意来的，譬如他是来调查教育的，那就请他到学校去看看罢了；他若是警察总局的督察，就让他调察警政去吧；与别人有什么关系呢？

不，不，我们金光镇自有金光镇的办法。只要是个阔人，不管他是干什么来的，我们必须以全镇的人力物力，闹得天翻地覆的欢迎他。这紧张的很：全镇到处都须把旧标语撕了下去，撕不净的要用水刷，然后贴上各色纸的新标语。全镇的街道（也许有一个多月没扫除过了）得马上扫得干干净净。野狗不得再在路上走来走去，都提起来放到远处去。小孩子，甚至连鸡鸭，都不许跑出家门来。卖花生桔柑的不准在路旁摆摊子。学校里须用砖头沾水磨去书桌上的墨点子，弄得每个小学生都浑身是泥污。这样折腾两三天，大人物到了。他也许有点事,也许什么事也没有。他也许在街上走几步,也许坐着汽车跑过去。他也许注意到街上很清洁,也许根本不理会,不管他怎样吧,反正我们须心到神知的忙个不亦乐乎。我们都收拾好了之后,还得排队到街外去迎接他呢。中学生小学生,不管天气怎样冷,怎么热,总得早早的就站在街外去等候。他若到晌午还没来,小孩们更须立到过午;他若过午还没到,他们便须站到下午。他们渴,饿,冷或热,都没关系。他们不能随便离队去喝口水或买个烧饼吃;好家伙,万一在队伍不整齐的时候,贵人来到了呢,那还了得!我们镇上的民主精神是给贵人打一百分,而给学生们打个零的。小孩子如此,我们大人也是如此。我们也得由保甲长领着去站班。我们即使没有新蓝布大褂,也得连夜赶洗旧大衫,浆洗得平平整整的。我们不得穿草鞋,也不得带着旱烟管。我们被太阳晒晕了,也还得立在那里。

学生耽误了一天或两天的学,我们也累得筋疲力尽,结果,贵人或是坐着汽车跑过去,或是根本没有来。虽然如此,我们大家也不敢出怨言,舍命陪君子是我们特有的精神啊。这精神使我们不畏寒,不畏暑,不畏饥渴,而只"畏大人"。

载《民心半月刊》1945年9月至12月
第一卷第一期至第五期